RAUL MORALES

Defensa Cibernética Simplificada: Tu Guía Accesible

A los constructores de negocios,
Dedico este libro a ustedes. Son los que crean empleos, impulsan la innovación y hacen del mundo un lugar mejor. La ciberseguridad es esencial para el éxito de su negocio.
Espero que este libro les ayude a construir un futuro más seguro.

Indice

Prefacio

La ciberseguridad es un tema crítico para las empresas de todos los tamaños. En el mundo digital actual, las empresas están constantemente amenazadas por ataques cibernéticos. Estos ataques pueden variar desde simples correos electrónicos de phishing hasta violaciones de datos sofisticadas.

Las consecuencias de un ciberataque pueden ser devastadoras para una empresa. Las pérdidas financieras, el daño a la reputación y la responsabilidad legal son solo algunas de las posibles consecuencias.

Por eso es tan importante que las empresas cuenten con una estrategia integral de ciberseguridad. Esta estrategia debe incluir una evaluación de riesgos, políticas y procedimientos, capacitación de los empleados y un plan de respuesta a incidentes.

Este libro está diseñado para ayudar a los ejecutivos no técnicos a comprender la ciberseguridad y desarrollar una estrategia integral de ciberseguridad para sus negocios.

El libro está dividido en 14 capítulos. Cada capítulo cubre un aspecto diferente de la ciberseguridad, como por ejemplo:

* Tipos de ciberataques
  * Desarrollo de una estrategia de ciberseguridad
  * Normas y reglamentos de ciberseguridad
  * Protección de aplicaciones y servicios basados en la nube
  * Protección de dispositivos móviles
  * Asegurando el Internet de las Cosas (IoT)
  * Seguro de ciberseguridad
  * Reclutamiento de talento en ciberseguridad
  * Gestión de riesgos de ciberseguridad de terceros
  * Respuesta a incidentes de ciberseguridad
  * Ciberseguridad para trabajo remoto
  * Tendencias futuras en ciberseguridad
  * Conclusión

El libro utiliza ejemplos del mundo real para ilustrar la importancia de la ciberseguridad y las posibles consecuencias de ignorarla.

Al leer este libro, los ejecutivos no técnicos obtendrán una mejor comprensión de la ciberseguridad y podrán desarrollar una estrategia integral de ciberseguridad para sus negocios.

Agradecimientos

Me gustaría tomar un momento para expresar mi sincero agradecimiento a las personas que han contribuido a la creación de este libro sobre ciberseguridad.

En primer lugar, estoy inmensamente agradecido a mi esposa, I Wen, por su amor incondicional, apoyo y comprensión durante todo el proceso de escritura. Tu aliento y creencia en mí han sido fundamentales para llevar este libro a su realización.

También quiero expresar mi más sincero agradecimiento a mi dedicado equipo de lectores de prueba, Sofia, Mario, Patricia,Romny,Marta y Nelson. Sus valiosos comentarios, atención meticulosa a los detalles y sugerencias perspicaces han mejorado significativamente la calidad y claridad del contenido. Su compromiso y dedicación han sido invaluables para dar forma a este libro en su forma final.

Además, me gustaría reconocer a las numerosas personas, mentores y colegas que han compartido su conocimiento y experiencia en el campo de la ciberseguridad. Sus ideas y orientación han sido fuentes invaluables de inspiración y han ayudado a dar forma a los conceptos discutidos en este libro.

Por último, me gustaría expresar mi gratitud a los lectores de este libro. Espero que la información y los conocimientos compartidos en estas páginas les empoderen para navegar el intrincado mundo de la ciberseguridad con confianza y claridad.

Gracias a todos por su apoyo inquebrantable y sus contribuciones.

Con profunda gratitud,

Raul Morales

1

Capítulo 1 Introducción

En el mundo interconectado de hoy, donde la tecnología juega un papel fundamental en casi todos los aspectos de nuestras vidas, la importancia de la ciberseguridad no se puede subestimar. Como ejecutivo no técnico, es posible que haya escuchado el término "ciberseguridad", pero ¿qué significa realmente? ¿Y por qué debería importarle a usted y a su organización?

1.1 La creciente importancia de la ciberseguridad

La ciberseguridad se ha convertido en una preocupación crítica para las empresas de todos los tamaños e industrias. El panorama digital está repleto de amenazas, y las consecuencias de un ciberataque exitoso pueden ser devastadoras. La ciberseguridad es importante para las empresas porque protege sus datos, sistemas y operaciones del acceso, uso, divulgación, interrupción, modificación o destrucción no autorizados. La ciberseguridad también protege a las empresas de pérdidas financieras, daños a la reputación y responsabilidad legal.

El costo de los ataques cibernéticos está aumentando. En 2021, el costo global de los ataques cibernéticos se estimó en $ 6 billones. Se espera que este número crezca en los próximos años.

Tomemos, por ejemplo, el caso de Equifax, una de las mayores agencias de informes crediticios. En 2017, Equifax sufrió una violación masiva de datos que comprometió la información personal de aproximadamente 147 millones de personas. Las consecuencias de esta infracción fueron asombrosas, lo que resultó en una pérdida de confianza del cliente, responsabilidades legales, multas regulatorias y pérdidas financieras significativas. El valor de mercado de Equifax se desplomó en miles de millones de dólares después del incidente.

Este es solo un ejemplo entre muchos que resaltan las posibles consecuencias de ignorar la ciberseguridad. La verdad es que ninguna organización es inmune a las ciberamenazas. Ya sea que sea una corporación multinacional o una pequeña empresa nueva, los ciberdelincuentes ven valor en sus datos y explotarán cualquier vulnerabilidad que puedan encontrar. No se trata de "si", sino de "cuándo" será el objetivo de su organización.

1.2 La ciberseguridad como problema comercial

Muchos ejecutivos creen erróneamente que la ciberseguridad es únicamente un problema técnico que es competencia de los departamentos de TI. Sin embargo, esta mentalidad es obsoleta y peligrosa. La ciberseguridad es, ante todo, un problema comercial que requiere la atención y la participación de toda la organización, desde el C-suite hasta cada empleado.

La ciberseguridad es responsabilidad de todos. Sin embargo, la responsabilidad de la ciberseguridad finalmente recae en el equipo ejecutivo de la empresa. Los ejecutivos son responsables de establecer políticas y procedimientos de ciberseguridad, asignar recursos para la ciberseguridad y garantizar que la ciberseguridad sea una prioridad para el negocio.

Considere el caso de Target, una importante cadena minorista. En 2013, Target fue víctima de un ataque cibernético que comprometió la información de las tarjetas de crédito de más de 40 millones de clientes. La infracción se produjo a través de un contratista externo de HVAC, lo que destaca la interconexión de las cadenas de suministro y la necesidad de medidas integrales de ciberseguridad. El fracaso de Target para evaluar y gestionar adecuadamente los riesgos de terceros resultó en pérdidas financieras significativas y una reputación dañada.

La brecha de Target demuestra que la ciberseguridad no se trata solo de firewalls, encriptación y jerga técnica. Se trata de comprender los riesgos comerciales asociados con las amenazas cibernéticas e implementar una estrategia integral para mitigar esos riesgos. Como ejecutivo no técnico, su función es crucial para garantizar que su organización adopte un enfoque proactivo e integrado de la ciberseguridad.

1.3 El costo de los ataques cibernéticos

Más allá de las pérdidas financieras inmediatas sufridas por los ataques cibernéticos, existen otros costos significativos que las organizaciones deben asumir. Uno de esos costos es el daño a la reputación. En el mundo hiperconectado de hoy, las noticias se propagan como la pólvora y un solo incidente de ciberseguridad puede empañar la imagen de su organización en los años venideros. Los clientes, socios e inversores pueden perder la confianza en su capacidad para proteger su información confidencial, lo que provocará una disminución de las oportunidades comerciales y el rendimiento financiero.

Las responsabilidades legales son otra consecuencia de los ciberataques. En los últimos años, ha habido un aumento en las regulaciones de protección de datos en todo el mundo, como el Reglamento General de Protección de Datos (GDPR) de la Unión Europea y la Ley de Privacidad del Consumidor de California (CCPA). El incumplimiento de estas regulaciones puede resultar en multas severas y acciones legales. Por ejemplo, la Oficina del Comisionado de Información (ICO) del Reino Unido multó a British Airways con 20 millones de libras (27 millones de dólares) por no proteger los datos de los clientes durante una filtración de datos en 2018.

Además, los costos asociados con la respuesta a incidentes, la remediación y la recuperación pueden ser astronómicos. Las organizaciones a menudo necesitan contratar firmas especializadas en ciberseguridad, realizar investigaciones forenses, implementar nuevas medidas de seguridad y brindar servicios de protección contra el robo de identidad a las personas afectadas. Estos gastos pueden sumarse rápidamente, ejerciendo más presión sobre los recursos de la organización.

1.4 El factor humano

Si bien las tecnologías sofisticadas y los algoritmos complejos a menudo se asocian con la ciberseguridad, es importante reconocer que los humanos son una parte crucial de la ecuación. Los empleados, incluidos los ejecutivos, pueden ser la línea de defensa más fuerte o el eslabón más débil en la postura de seguridad cibernética de una organización.

Los ataques de phishing, por ejemplo, son un método frecuente utilizado por los ciberdelincuentes para obtener acceso no autorizado a sistemas e información confidencial. Estos ataques a menudo implican engañar a los empleados para que hagan clic en enlaces maliciosos o proporcionen sus credenciales de inicio de sesión. En 2020, en medio de la pandemia de COVID-19, hubo un aumento en los ataques de phishing dirigidos a trabajadores remotos que eran vulnerables debido al cambio repentino al trabajo remoto y la posible falta de conciencia de seguridad.

Para mitigar tales riesgos, las organizaciones deben invertir en programas de educación y concientización sobre seguridad cibernética. Como ejecutivo no técnico, es imperativo que comprenda los conceptos básicos de ciberseguridad y el papel que desempeña en la promoción de una cultura de seguridad dentro de su organización. Al predicar con el ejemplo y priorizar la ciberseguridad, puede fomentar una mentalidad vigilante y proactiva entre sus empleados.

1.5 El alcance de este libro

En este libro, nuestro objetivo es equipar a los ejecutivos no técnicos como usted con el conocimiento y la comprensión necesarios para navegar en el complejo mundo de la ciberseguridad. Desmitificaremos la jerga técnica y explicaremos los conceptos de ciberseguridad en un lenguaje accesible y relevante para su función.

En el transcurso de los siguientes capítulos, exploraremos varios aspectos de la ciberseguridad y brindaremos orientación práctica sobre cómo proteger su organización de manera efectiva. Cubriremos temas como los diferentes tipos de amenazas a la ciberseguridad, el desarrollo de una estrategia de ciberseguridad, el cumplimiento de las regulaciones, la protección de aplicaciones y servicios basados en la nube, la protección de dispositivos móviles, la protección del Internet de las cosas (IoT), el seguro de ciberseguridad, la contratación de talento en ciberseguridad, gestionar riesgos de terceros, responder a incidentes, abordar desafíos de ciberseguridad en entornos de trabajo remotos y explorar tendencias futuras en ciberseguridad.

Al final de este libro, tendrá una base sólida en ciberseguridad, lo que le permitirá tomar decisiones informadas y tomar medidas proactivas para proteger su organización. Recuerde, la ciberseguridad no es una responsabilidad aislada, sino un esfuerzo colectivo que requiere vigilancia y compromiso constantes de todos los miembros de su organización.

Estén atentos mientras nos embarcamos juntos en este viaje de seguridad cibernética, lo que le permite navegar por el panorama digital con confianza y resiliencia.

2

Capítulo 2: Tipos de amenazas a la ciberseguridad

En este capítulo, exploramos varios tipos de amenazas de seguridad cibernética que enfrentan las organizaciones en el panorama digital actual. Desde ataques de malware y phishing hasta ransomware, ataques a la cadena de suministro y exploits de día cero, está claro que el panorama de amenazas evoluciona constantemente y se vuelve cada vez más sofisticado.

2.1 Malware: el intruso silencioso

Malware, abreviatura de software malicioso, se refiere a cualquier software diseñado para dañar o explotar sistemas informáticos, redes o usuarios. Es una de las amenazas de ciberseguridad más comunes y generalizadas que enfrentan las organizaciones en todo el mundo. El malware puede tomar varias formas, incluidos virus, gusanos, troyanos, ransomware y spyware.

Los virus son programas que se replican e infectan otros archivos o sistemas. Pueden causar daños al corromper o destruir datos, interrumpir la funcionalidad del sistema o propagarse a otros dispositivos conectados. Un ejemplo famoso es el virus ILOVEYOU, que se propagó a través de archivos adjuntos de correo electrónico en el año 2000 y causó daños generalizados al sobrescribir los archivos en las máquinas infectadas.

Los gusanos, por otro lado, son programas independientes que pueden propagarse a través de redes sin intervención humana. Aprovechan vulnerabilidades en sistemas operativos o protocolos de red para replicar e infectar otros dispositivos. El ataque de ransomware WannaCry en 2017 utilizó un gusano para infectar rápidamente los sistemas vulnerables, lo que provocó interrupciones significativas en la atención médica, el transporte y otros sectores.

Los troyanos, llamados así por el caballo de Troya de la mitología griega, parecen inofensivos o útiles, pero contienen funcional-idades maliciosas ocultas. A menudo engañan a los usuarios para que los instalen, dando a los ciberdelincuentes acceso no autorizado al sistema. Un ejemplo bien conocido es el troyano Zeus, que se dirigía a los usuarios de banca en línea y robaba sus credenciales de inicio de sesión e información financiera.

El ransomware ha ganado notoriedad en los últimos años, donde los ciberdelincuentes cifran los archivos de las víctimas y exigen el pago de un rescate a cambio de la clave de descifrado. El ataque WannaCry mencionado anteriormente fue un incidente importante de ransomware que provocó un caos generalizado y pérdidas financieras. El ataque de ransomware Colonial Pipeline en 2021 también fue noticia, lo que provocó escasez de combustible y destacó los riesgos de infraestructura crítica que plantea el ransomware.

El spyware, como sugiere su nombre, está diseñado para recopilar información de forma sigilosa desde un dispositivo infectado. Puede monitorear las actividades de los usuarios, capturar información confidencial y transmitirla a actores malintencionados. Las aplicaciones de spyware móviles que rastrean en secreto la ubicación, los mensajes y las llamadas de un usuario son una preocupación creciente en la era de los teléfonos inteligentes.

La protección contra el malware requiere un enfoque de varias capas, que incluye un sólido software antivirus y antimalware, actualizaciones y parches regulares, educación de los empleados sobre prácticas seguras en línea y mecanismos sólidos de copia de seguridad y recuperación.

2.2 Phishing: el arte del engaño

Los ataques de phishing son un tipo de ataque de ingeniería social en el que los ciberdelincuentes se hacen pasar por entidades confiables para engañar a las personas para que divulguen información confidencial o realicen acciones dañinas. Los ataques de phishing generalmente ocurren a través del correo electrónico, pero también pueden ocurrir a través de otros canales de comunicación, como llamadas telefónicas o mensajes de texto.

Los correos electrónicos de phishing a menudo imitan a organizaciones o individuos legítimos, utilizando logotipos, direcciones de correo electrónico y contenido convincentes para engañar a los destinatarios. Emplean tácticas psicológicas para crear una sensación de urgencia, miedo o curiosidad, obligando a los usuarios a hacer clic en enlaces maliciosos o proporcionar información confidencial como nombres de usuario, contraseñas o detalles financieros.

En 2020, la pandemia de COVID-19 se convirtió en un terreno fértil para los ataques de phishing. Los ciberdelincuentes explotaron el miedo y la incertidumbre que rodeaban a la pandemia enviando correos electrónicos de phishing haciéndose pasar por organizaciones de salud, agencias gubernamentales y organizaciones de ayuda. Estos correos electrónicos afirmaban brindar información esencial o asistencia relacionada con la pandemia, engañando a los usuarios para que hicieran clic en enlaces maliciosos o descargaran archivos adjuntos infectados.

Spear phishing es una forma más específica de phishing que se enfoca en individuos u organizaciones específicas. Los atacantes recopilan información detallada sobre sus objetivos, como sus roles, intereses o conexiones sociales, para personalizar sus intentos de phishing y aumentar sus posibilidades de éxito. Los empleados de nivel ejecutivo suelen ser los principales objetivos de la suplantación de identidad (spear phishing) debido a su acceso a información confidencial y autoridad dentro de la organización.

Para defenderse de los ataques de phishing, las organizaciones deben educar a sus empleados sobre las técnicas comunes de phishing y proporcionar pautas sobre cómo detectar e informar correos electrónicos sospechosos. La implementación de sistemas sólidos de filtrado de correo electrónico, autenticación multifactor y protocolos de comunicación seguros también puede reducir significativamente el riesgo de ser víctima de ataques de phishing.

2.3 Ransomware: Retención de datos como rehenes

Los ataques de ransomware se han vuelto cada vez más frecuentes y perjudiciales en los últimos años. Estos ataques implican cifrar los archivos o sistemas de una organización, haciéndolos inaccesibles hasta que se pague un rescate. El ransomware generalmente se entrega a través de correos electrónicos de phishing, archivos adjuntos maliciosos o la explotación de vulnerabilidades en software o sistemas.

Una vez infectada, la víctima recibe una demanda de rescate, a menudo acompañada de amenazas de pérdida permanente de datos o exposición pública de información confidencial. El rescate suele exigirse en criptomonedas como Bitcoin, que proporcionan un cierto nivel de anonimato a los atacantes.

El impacto de los ataques de ransomware puede ser grave. En 2021, Colonial Pipeline, uno de los oleoductos de combustible más grandes de los Estados Unidos, fue víctima de un ataque de ransomware. El ataque obligó al cierre temporal del oleoducto, lo que provocó escasez de combustible e interrupciones significativas en toda la costa este. El incidente destacó las vulnerabilidades de la infraestructura crítica a los ataques de ransomware y los posibles efectos en cascada en la vida diaria.

Otro incidente notable de ransomware involucró a la compañía naviera global Maersk en 2017. El ransomware NotPetya infectó los sistemas de TI de Maersk, causando interrupciones generalizadas en sus operaciones. La empresa tuvo que reconstruir toda su infraestructura de TI desde cero, lo que resultó en una pérdida financiera estimada de $300 millones.

Para protegerse contra los ataques de ransomware, las organizaciones deben implementar una estrategia de defensa en profundidad, que incluya copias de seguridad periódicas de datos críticos, segmentación de la red para limitar el impacto de un ataque, procesos sólidos de administración de parches y capacitación de los empleados sobre prácticas informáticas seguras. Es esencial contar con un plan de respuesta a incidentes para minimizar el daño y recuperarse rápidamente de un ataque.

2.4 Ataques a la cadena de suministro: rompiendo el eslabón más débil

Los ataques a la cadena de suministro han ganado una atención significativa en los últimos años, ya que los ciberdelincuentes han reconocido el potencial de explotar las vulnerabilidades en la cadena de suministro de una organización para infiltrarse en sus objetivos. Un ataque a la cadena de suministro implica comprometer a un proveedor o proveedor de confianza para obtener acceso no autorizado a los sistemas o datos de la organización objetivo.

El ataque a la cadena de suministro de SolarWinds en 2020 conmocionó el panorama de la ciberseguridad. Los ciberdelincuentes violaron la infraestructura de desarrollo de software de SolarWinds, un proveedor líder de software de administración de TI, e inyectaron código malicioso en sus actualizaciones de software. Como resultado, aproximadamente 18 000 clientes de SolarWinds instalaron, sin saberlo, las actualizaciones comprometidas, lo que permitió a los atacantes acceder a sus redes. El ataque afectó a numerosas agencias gubernamentales, empresas de tecnología y otras organizaciones en todo el mundo.

Los ataques a la cadena de suministro pueden ser muy efectivos porque explotan la confianza que las organizaciones depositan en sus proveedores y vendedores. Los ciberdelincuentes a menudo se dirigen a organizaciones más pequeñas o menos seguras en la cadena de suministro para hacerse un hueco y luego usan ese acceso para moverse lateralmente hacia objetivos de mayor valor.

Para mitigar los riesgos de la cadena de suministro, las organizaciones deben implementar un programa sólido de gestión de proveedores que incluya la debida diligencia, evaluaciones periódicas de seguridad y requisitos contractuales para las medidas de ciberseguridad. Es crucial verificar las prácticas de seguridad de los proveedores y establecer canales de comunicación sólidos para abordar rápidamente cualquier vulnerabilidad o incidente potencial.

2.5 Exploits de día cero: vulnerabilidades ocultas

Los exploits de día cero se refieren a vulnerabilidades en software o sistemas que son desconocidos para el proveedor y, por lo tanto, no tienen parches ni correcciones disponibles. Los ciberdelincuentes aprovechan estas vulnerabilidades para obtener acceso no autorizado a los sistemas, robar datos confidenciales o llevar a cabo otras actividades maliciosas.

El término "día cero" significa que las organizaciones tienen cero días para protegerse antes de que ocurra un ataque. Cuando se descubre y explota una vulnerabilidad de día cero, puede tener consecuencias devastadoras, ya que las organizaciones no tienen tiempo para preparar o implementar contramedidas.

En 2021, las vulnerabilidades de día cero de Microsoft Exchange Server conocidas como ProxyLogon fueron explotadas por actores de amenazas avanzados. Estas vulnerabilidades permitieron a los atacantes obtener acceso persistente a los entornos de Exchange Server, lo que provocó el acceso no autorizado a los datos, la implementación de malware y un mayor compromiso de los sistemas afectados.

Para defenderse de las vulnerabilidades de día cero, las organizaciones deben implementar un enfoque proactivo de la seguridad, que incluya actualizaciones periódicas de software, procesos de administración de parches y sistemas de detección y prevención de intrusiones. Mantener relaciones sólidas con los proveedores de software y mantenerse informado sobre las amenazas y vulnerabilidades emergentes también es esencial para responder de manera efectiva a las vulnerabilidades de seguridad de día cero cuando se descubren.

Como ejecutivo no técnico, es crucial conocer estas amenazas y su impacto potencial en su organización. Al comprender la naturaleza de estas amenazas, puede asignar mejor los recursos, priorizar las iniciativas de seguridad y promover una cultura de ciberseguridad dentro de su organización.

Capítulo 3: Desarrollo de una estrategia de ciberseguridad

En este capítulo, exploraremos los pasos necesarios para desarrollar una estrategia integral de ciberseguridad para su organización. Una estrategia de ciberseguridad bien definida es esencial para proteger su negocio de las amenazas cibernéticas y minimizar el impacto potencial de los incidentes de seguridad. Al seguir estos pasos, los ejecutivos no técnicos pueden desempeñar un papel vital en la protección de los activos digitales de sus organizaciones.

3.1 Paso 1: Realización de una evaluación de riesgos

Antes de desarrollar una estrategia de seguridad cibernética, es crucial evaluar la postura de seguridad actual de su organización e identificar los riesgos y vulnerabilidades potenciales. Una evaluación de riesgos lo ayuda a comprender las amenazas específicas que enfrenta su organización y a priorizar sus esfuerzos de seguridad.

Empiece por identificar los activos y datos críticos que su organización necesita proteger. Esto puede incluir información del cliente, propiedad intelectual, datos financieros o cualquier otra información confidencial. Considere el impacto potencial de una brecha de seguridad en estos activos, incluidas las pérdidas financieras, el daño a la reputación, las sanciones reglamentarias y las responsabilidades legales.

A continuación, evalúe los controles y prácticas de seguridad existentes. Esto incluye evaluar su infraestructura de red, controles de acceso, capacidades de respuesta a incidentes, programas de capacitación y concientización de los empleados, y cualquier otra medida de seguridad. Identifique las lagunas o debilidades que deben abordarse.

Considere los factores externos que pueden representar un riesgo para su organización, como el panorama actual de amenazas, los riesgos específicos de la industria, los requisitos reglamentarios y las tecnologías emergentes. Manténgase actualizado sobre las últimas tendencias de ciberseguridad, informes de inteligencia de amenazas y mejores prácticas relevantes para su industria.

Un ejemplo del mundo real de la importancia de la evaluación de riesgos es la violación de datos de Equifax en 2017. Equifax, una de las agencias de informes de crédito más grandes, experimentó una violación masiva de datos que expuso información confidencial de más de 143 millones de personas. La brecha fue el resultado de múltiples vulnerabilidades y fallas de seguridad, incluido software desactualizado, sistemas sin parches y malas prácticas de seguridad. Una evaluación de riesgos exhaustiva podría haber ayudado a identificar estas vulnerabilidades y prevenir la infracción.

3.2 Paso 2: Desarrollo de políticas y procedimientos

Una vez que haya identificado los riesgos y vulnerabilidades, es esencial establecer políticas y procedimientos claros para mitigar esos riesgos y guiar a los empleados en sus prácticas de ciberseguridad. Las políticas y los procedimientos proporcionan un marco para prácticas de seguridad coherentes en toda la organización y garantizan que los empleados entiendan sus funciones y responsabilidades en el mantenimiento de la seguridad.

Desarrolle una política de uso aceptable que describa los usos aceptables y prohibidos de los recursos de la organización, incluidas las computadoras, las redes y el software. Esta política debe abordar cuestiones como la gestión de contraseñas, el uso de las redes sociales y la descarga de software no autorizado.

Cree un plan de respuesta a incidentes que describa los pasos a seguir en caso de un incidente de seguridad. Este plan debe incluir roles y responsabilidades, protocolos de comunicación, procedimientos de escalada y pasos para la contención, erradicación y recuperación.

Considere la posibilidad de crear una política de clasificación de datos que defina diferentes niveles de confidencialidad para los datos y especifique los controles de seguridad y los derechos de acceso apropiados para cada nivel. Esta política ayuda a garantizar que la información confidencial se proteja adecuadamente en función de su valor y el impacto potencial si se ve comprometida.

Los programas de capacitación y concientización de los empleados son vitales para garantizar que los empleados comprendan las políticas y los procedimientos de seguridad cibernética de la organización. Realice sesiones de capacitación periódicas sobre temas como la seguridad de las contraseñas, la concientización sobre el phishing, las prácticas de navegación segura y la protección de datos. Haga que la capacitación en seguridad cibernética sea un proceso continuo para mantener a los empleados informados sobre las amenazas en evolución y las mejores prácticas.

Un ejemplo de la importancia de las políticas y los procedimientos es la violación de datos de Target en 2013. Los atacantes obtuvieron acceso a la red de Target a través de un proveedor externo e instalaron malware en los sistemas de punto de venta. La brecha resultó en el robo de información de tarjetas de crédito de millones de clientes. El plan de respuesta a incidentes de Target era inadecuado y la organización carecía de una segmentación de red y controles de acceso adecuados. La implementación de políticas y procedimientos sólidos podría haber ayudado a prevenir o mitigar el impacto de la infracción.

3.3 Paso 3: Capacitación de empleados

Los empleados juegan un papel fundamental en el mantenimiento de la seguridad de los activos digitales de una organización. Por lo tanto, es fundamental proporcionar una formación integral en ciberseguridad a todos los empleados, independientemente de su experiencia técnica. Los programas de capacitación deben centrarse en crear conciencia sobre las amenazas cibernéticas comunes y brindar orientación sobre las mejores prácticas para mitigar esas amenazas.

Comience por educar a los empleados sobre los diversos tipos de amenazas cibernéticas que pueden encontrar, como correos electrónicos de phishing, ingeniería social, malware y ransomware. Use ejemplos del mundo real y estudios de casos para demostrar las posibles consecuencias de ser víctima de estas amenazas.

Capacite a los empleados sobre cómo reconocer y responder a los intentos de phishing. Enséñeles a escudriñar a los remitentes de correo electrónico, evitar hacer clic en enlaces sospechosos o descargar archivos adjuntos de fuentes desconocidas y reportar cualquier actividad sospechosa a los canales apropiados.

Enfatice la importancia de las contraseñas seguras y la gestión adecuada de las mismas. Anime a los empleados a usar contraseñas complejas, habilite la autenticación de múltiples factores y evite reutilizar contraseñas en diferentes cuentas.

Fomentar hábitos de navegación segura y cautela en el acceso a sitios web, especialmente a aquellos de procedencia desconocida o sospechosa. Enseñe a los empleados sobre los peligros de visitar sitios web maliciosos, descargar software no autorizado o hacer clic en anuncios emergentes.

Resalte la importancia de mantener el software y los sistemas actualizados. Anime a los empleados a instalar rápidamente actualizaciones y parches de software para mitigar el riesgo de que se exploten vulnerabilidades conocidas.

Proporcionar orientación sobre el uso seguro de dispositivos móviles, como teléfonos inteligentes y tabletas. Enseñe a los empleados a habilitar códigos de acceso, usar cifrado y evitar conectarse a redes Wi-Fi no seguras.

Refuerce regularmente la capacitación en seguridad cibernética a través de boletines, carteles y recordatorios. Considere realizar campañas de phishing simuladas para evaluar el conocimiento de los empleados y proporcionar comentarios sobre las áreas que necesitan mejoras.

Un ejemplo notable de la importancia de la capacitación de los empleados es el ataque del ransomware WannaCry en 2017. El ransomware se propagó rápidamente por todo el mundo y afectó a organizaciones de diversas industrias. El ataque aprovechó una vulnerabilidad en el sistema operativo Windows para el cual había un parche disponible durante varios meses. Muchas organizaciones fueron víctimas de WannaCry porque sus empleados no estaban capacitados para reconocer y responder correos electrónicos de phishing o para instalar rápidamente actualizaciones de software.

3.4 Paso 4: Creación de un plan de respuesta a incidentes

A pesar de las mejores medidas preventivas, ninguna organización es completamente inmune a los incidentes de ciberseguridad. Por lo tanto, es fundamental contar con un plan de respuesta a incidentes para minimizar el impacto de una brecha de seguridad y facilitar una respuesta rápida y eficaz.

Un plan de respuesta a incidentes describe los pasos a seguir cuando ocurre un incidente de seguridad, asegurando un enfoque coordinado y organizado. El plan debe definir las funciones y responsabilidades de los miembros del equipo de respuesta a incidentes, establecer protocolos de comunicación y describir los pasos técnicos y de procedimiento a seguir.

Establezca una cadena de mando clara e identifique a las personas que serán responsables de tomar decisiones críticas durante un incidente. Esto incluye la designación de un líder del equipo de respuesta y la definición de las funciones de otros miembros del equipo, como expertos técnicos, asesores legales y representantes de relaciones públicas.

Desarrolle un plan de comunicación que especifique cómo se notificará a las partes interesadas internas y externas durante un incidente. Esto incluye empleados, clientes, socios, reguladores y agencias de aplicación de la ley. Determine los canales adecuados para la comunicación, como el correo electrónico, los sistemas de mensajería interna o las plataformas dedicadas de respuesta a incidentes.

Defina los pasos técnicos que se deben tomar durante un incidente, como aislar los sistemas afectados, recopilar evidencia, analizar el impacto y restaurar las operaciones normales. Esto puede implicar la participación del equipo de TI de la organización o de expertos externos en seguridad cibernética para obtener ayuda.

Establezca relaciones con recursos externos que puedan brindar apoyo durante un incidente de seguridad, como investigadores forenses, asesores legales especializados en ciberseguridad y consultores de relaciones públicas. Tener estas relaciones establecidas de antemano puede acelerar la respuesta y garantizar que la organización reciba la experiencia necesaria cuando sea necesario.

Pruebe y valide el plan de respuesta a incidentes a través de ejercicios y simulaciones de simulación. Estos ejercicios ayudan a identificar cualquier brecha o debilidad en el plan y permiten que el equipo de respuesta a incidentes practique sus roles y responsabilidades. Actualice y perfeccione regularmente el plan en función de las lecciones aprendidas de estos ejercicios e incidentes del mundo real.

Un ejemplo de la importancia de un plan de respuesta a incidentes es la brecha de 2014 en Sony Pictures Entertainment. El ataque resultó en el robo de datos confidenciales, incluidos registros de empleados, películas inéditas y correos electrónicos de ejecutivos. La respuesta de Sony a la brecha fue criticada por ser desorganizada y carecer de un plan claro de respuesta a incidentes. Un plan bien definido habría permitido una respuesta más coordinada y ayudado a mitigar el impacto de la brecha.

3.5 Paso 5: Supervisión y mejora continuas

La ciberseguridad no es un esfuerzo de una sola vez, sino un proceso continuo. El monitoreo regular y la mejora continua son necesarios para adaptarse a las amenazas en evolución y garantizar la efectividad de su estrategia de ciberseguridad.

Implemente un sistema para monitorear y analizar registros y eventos de seguridad para detectar cualquier actividad sospechosa o anómala. Esto puede implicar la implementación de herramientas de administración de eventos e información de seguridad (SIEM) que recopilan y correlacionan datos de varias fuentes, como firewalls, sistemas de detección de intrusos y soluciones de protección de puntos finales.

Establezca indicadores clave de rendimiento (KPI) y métricas para medir la eficacia de su estrategia de ciberseguridad. Esto puede incluir métricas relacionadas con el tiempo de respuesta a incidentes, las tasas de finalización de la formación de los empleados, la eficacia de la gestión de parches y la corrección de vulnerabilidades.

Realice regularmente evaluaciones de vulnerabilidad y pruebas de penetración para identificar cualquier debilidad o vulnerabilidad en sus sistemas e infraestructura. Estas evaluaciones pueden ayudarlo a priorizar los esfuerzos de remediación y garantizar que los controles de seguridad funcionen según lo previsto.

Manténgase informado sobre las últimas tendencias en ciberseguridad, amenazas emergentes y mejores prácticas a través de publicaciones de la industria, foros de seguridad y participación en conferencias y seminarios web relevantes. Considere unirse a centros de análisis e intercambio de información (ISAC) específicos de la industria o colaborar con organizaciones similares para intercambiar información y conocimientos sobre amenazas.

Fomentar una cultura de concienciación sobre ciberseguridad y responsabilidad en toda la organización. Fomente una mentalidad en la que los empleados se apropien de sus responsabilidades de seguridad cibernética y se les anime a informar cualquier inquietud o incidente de seguridad de inmediato.

Revise y actualice periódicamente sus políticas, procedimientos y materiales de capacitación sobre seguridad cibernética para reflejar los cambios en la tecnología, las regulaciones y los estándares de la industria. Involucre a las partes interesadas relevantes, como los equipos legales, de cumplimiento y de TI, para garantizar que sus esfuerzos de seguridad cibernética se alineen con los objetivos de la organización y cumplan con las leyes y regulaciones aplicables.

Un ejemplo de la importancia del monitoreo y la mejora continuos es el ataque a la cadena de suministro de SolarWinds que salió a la luz a fines de 2020. Actores de amenazas avanzados comprometieron el proceso de actualización del software de SolarWinds y distribuyeron una versión troyana del software de monitoreo de red Orion a miles de organizaciones. El ataque pasó desapercibido durante varios meses, lo que pone de relieve la necesidad de una supervisión sólida y una mejora continua de los controles de seguridad.

En conclusión, desarrollar una estrategia integral de ciberseguridad es esencial para proteger los activos digitales de su organización en el panorama de amenazas actual. Al realizar una evaluación de riesgos, desarrollar políticas y procedimientos, capacitar a los empleados, crear un plan de respuesta a incidentes e implementar medidas continuas de monitoreo y mejora, los ejecutivos no técnicos pueden desempeñar un papel crucial para garantizar la resiliencia de la seguridad cibernética de sus organizaciones. En el próximo capítulo, profundizaremos en los diversos estándares y regulaciones de ciberseguridad que las organizaciones deben cumplir para mejorar su postura de seguridad y proteger los intereses de sus partes interesadas.

4

Capítulo 4: Normas y reglamentos de ciberseguridad

En el mundo interconectado y digitalizado de hoy, las organizaciones se enfrentan a un número cada vez mayor de amenazas de ciberseguridad. Para abordar estos riesgos y proteger los datos confidenciales, las empresas deben cumplir con varios estándares y regulaciones de ciberseguridad. En este capítulo, exploraremos la importancia del cumplimiento, las posibles consecuencias del incumplimiento y brindaremos una descripción general de algunos estándares y regulaciones clave de ciberseguridad que los ejecutivos no técnicos deben conocer.

4.1 La importancia del cumplimiento:

El cumplimiento de los estándares y regulaciones de ciberseguridad es crucial por varias razones. En primer lugar, ayuda a las organizaciones a establecer un nivel básico de seguridad y proteger la información confidencial del acceso no autorizado, la pérdida o el robo. El cumplimiento también fomenta la confianza entre los clientes, los socios y las partes interesadas, lo que demuestra el compromiso de salvaguardar los datos y mantener la integridad de las operaciones comerciales.

Además, el cumplimiento de los estándares de ciberseguridad también puede proporcionar beneficios legales y regulatorios. Muchas industrias tienen requisitos y pautas específicos para proteger los datos confidenciales y garantizar la privacidad, como la Ley de Portabilidad y Responsabilidad de Seguros Médicos (HIPAA) para organizaciones de atención médica o el Estándar de Seguridad de Datos de la Industria de Tarjetas de Pago (PCI DSS) para empresas que manejan información de tarjetas de crédito. El incumplimiento de estas normas puede resultar en severas sanciones, multas, acciones legales y daños a la reputación.

4.2 Descripción general de los estándares y regulaciones de ciberseguridad:

4.2.1 Reglamento General de Protección de Datos (RGPD):

El Reglamento General de Protección de Datos (GDPR) es un reglamento de la Unión Europea (UE) que establece pautas para la recopilación, el procesamiento y la protección de datos personales. Se aplica a las organizaciones que manejan los datos personales de los ciudadanos de la UE, independientemente de su ubicación geográfica. El RGPD enfatiza los principios de minimización de datos, limitación de propósito y consentimiento, y otorga a las personas derechos mejorados sobre sus datos personales. El incumplimiento del RGPD puede dar lugar a multas de hasta el 4 % de los ingresos anuales globales o 20 millones de euros, lo que sea mayor.

Por ejemplo, en 2019, la Oficina del Comisionado de Información (ICO) del Reino Unido multó a British Airways con £183 millones ($230 millones) por una violación de datos que expuso la información personal de aproximadamente 500,000 clientes. La multa se impuso en virtud del RGPD por no implementar las medidas de seguridad adecuadas para proteger los datos de los clientes.

4.2.2 Ley de Privacidad del Consumidor de California (CCPA):

La Ley de Privacidad del Consumidor de California (CCPA) es una ley de privacidad a nivel estatal en los Estados Unidos, que otorga a los residentes de California un mayor control sobre su información personal. La CCPA se aplica a las empresas que cumplen con criterios específicos, incluidos los ingresos brutos anuales por encima de un cierto umbral o el procesamiento de una cantidad significativa de datos personales. Brinda a los consumidores el derecho a saber qué información personal se recopila, el derecho a optar por no vender sus datos y el derecho a solicitar la eliminación de sus datos. El incumplimiento de la CCPA puede resultar en multas de hasta $7,500 por infracción.

Un ejemplo de cumplimiento de la CCPA es la demanda contra Zoom Video Communications en 2020. La plataforma de videoconferencia enfrentó una demanda colectiva por supuestamente compartir datos de usuarios con plataformas de terceros sin la divulgación adecuada, violando las disposiciones de la CCPA.

4.2.3 ISO 27001:

ISO 27001 es un estándar internacional para sistemas de gestión de seguridad de la información (SGSI). Proporciona un marco para que las organizaciones establezcan, implementen, mantengan y mejoren continuamente sus procesos de gestión de la seguridad de la información. ISO 27001 abarca varios controles de seguridad y prácticas de gestión de riesgos, lo que garantiza que las organizaciones adopten un enfoque sistemático para proteger sus activos de información. Obtener la certificación ISO 27001 demuestra el compromiso de mantener una sólida postura de seguridad de la información.

Por ejemplo, Microsoft Azure, una plataforma líder de computación en la nube, obtuvo la certificación ISO 27001 para su sistema de gestión de seguridad de la información. Esta certificación garantiza a los clientes que Microsoft Azure cumple con los estándares reconocidos internacionalmente para proteger los datos de los clientes y mantener una infraestructura segura.

4.2.4 Marco de ciberseguridad del NIST:

El marco de seguridad cibernética del Instituto Nacional de Estándares y Tecnología (NIST) es un marco ampliamente adoptado para mejorar la gestión de riesgos de seguridad cibernética en todas las organizaciones. Proporciona un conjunto de mejores prácticas, pautas y estándares para ayudar a las organizaciones a evaluar y mejorar su postura de seguridad cibernética. El marco NIST consta de cinco funciones principales: identificar, proteger, detectar, responder y recuperar. Ofrece flexibilidad, lo que permite a las organizaciones adaptar el marco a sus requisitos y perfiles de riesgo únicos.

Un ejemplo de implementación del marco de seguridad cibernética del NIST es Lockheed Martin, una compañía aeroespacial y de defensa global. Lockheed Martin ha utilizado el marco para desarrollar una estrategia integral de ciberseguridad y alinear sus prácticas de seguridad con los estándares y pautas de la industria.

4.2.5 Estándar de seguridad de datos de la industria de tarjetas de pago (PCI DSS):

El Estándar de seguridad de datos de la industria de tarjetas de pago (PCI DSS) es un conjunto de requisitos de seguridad establecidos por las principales compañías de tarjetas de crédito para proteger los datos de los titulares de tarjetas. PCI DSS se aplica a organizaciones que almacenan, procesan o transmiten datos de titulares de tarjetas. El cumplimiento de PCI DSS es esencial para mantener la seguridad de las transacciones con tarjetas de pago y prevenir el fraude con tarjetas de crédito. El incumplimiento de PCI DSS puede resultar en sanciones financieras, mayores tarifas de transacción, pérdida de privilegios de procesamiento de tarjetas y daños a la reputación.

En 2013, Target Corporation, una destacada cadena minorista, sufrió una importante filtración de datos que comprometió la información de las tarjetas de pago de millones de clientes. La infracción se produjo debido a deficiencias en la seguridad de la red de Target y al incumplimiento de los requisitos de PCI DSS. El incidente resultó en pérdidas financieras sustanciales, acciones legales y daños a la reputación de Target.

4.3 Mantenerse actualizado con las regulaciones cambiantes:

Los estándares y regulaciones de ciberseguridad evolucionan continuamente para abordar las amenazas emergentes y los avances tecnológicos. Para garantizar el cumplimiento, los ejecutivos no técnicos deben mantenerse informados sobre los cambios en las regulaciones y las mejores prácticas de la industria. Aquí hay algunas estrategias para mantenerse actualizado:

Revise periódicamente las actualizaciones de los organismos reguladores y las agencias gubernamentales responsables de la ciberseguridad, como el Instituto Nacional de Estándares y Tecnología (NIST), la Oficina del Comisionado de Información (ICO) o la Comisión Federal de Comercio (FTC).

Involúcrese con las asociaciones de la industria y las redes profesionales que brindan actualizaciones sobre las normas y estándares de seguridad cibernética relevantes para el sector de su organización.

Establezca relaciones con profesionales legales, de cumplimiento y de TI que puedan brindar orientación sobre los cambios regulatorios y sus implicaciones para su organización.

Aproveche los consultores de seguridad cibernética o expertos externos que se especializan en cumplimiento para mantenerse informado y garantizar el cumplimiento continuo de los estándares y regulaciones.

El cumplimiento de los estándares y regulaciones de ciberseguridad es una parte integral de la construcción de una sólida estrategia de ciberseguridad. Ayuda a las organizaciones a establecer un nivel básico de seguridad, cumplir con los requisitos legales y reglamentarios y mantener la confianza entre los clientes y las partes interesadas. Al comprender la importancia del cumplimiento y mantenerse informados sobre los estándares y regulaciones relevantes, como GDPR, CCPA, ISO 27001, NIST Cybersecurity Framework y PCI DSS, los ejecutivos no técnicos pueden tomar medidas proactivas para proteger a sus organizaciones de las amenazas cibernéticas y mitigar los riesgos potenciales. . En el próximo capítulo, exploraremos los desafíos únicos de seguridad cibernética que presentan las aplicaciones y los servicios basados en la nube y brindaremos orientación práctica sobre cómo protegerlos de manera efectiva.

5

Capítulo 5: Protección de aplicaciones y servicios basados en la nube

En el panorama digital actual, la computación en la nube se ha convertido en una parte integral de las operaciones comerciales y ofrece numerosos beneficios, como escalabilidad, rentabilidad y flexibilidad. Sin embargo, la adopción de aplicaciones y servicios basados en la nube también presenta desafíos de ciberseguridad únicos. En este capítulo, exploraremos la importancia de proteger las aplicaciones y los servicios basados en la nube, discutiremos los riesgos y vulnerabilidades potenciales y brindaremos orientación práctica sobre cómo los ejecutivos no técnicos pueden mejorar la seguridad de sus entornos en la nube.

5.1 Comprender el modelo de computación en la nube:

Antes de profundizar en la seguridad en la nube, es crucial comprender el modelo de computación en la nube. La computación en la nube implica la entrega de recursos informáticos bajo demanda, incluidos servidores, almacenamiento, bases de datos y software, a través de Internet. Hay tres modelos de servicio principales en la computación en la nube:

Infraestructura como servicio (IaaS):

IaaS proporciona recursos informáticos virtualizados, como máquinas virtuales y almacenamiento, lo que permite a las organizaciones crear y administrar su propia infraestructura en la nube.

Plataforma como servicio (PaaS):

PaaS ofrece un entorno completo de desarrollo e implementación en la nube, lo que permite a las organizaciones desarrollar, probar e implementar aplicaciones sin preocuparse por la infraestructura subyacente.

Software como servicio (SaaS):

SaaS ofrece aplicaciones de software a través de Internet mediante suscripción, lo que elimina la necesidad de que las organizaciones instalen y mantengan el software en su propia infraestructura.

Cada modelo de servicio tiene sus propias consideraciones de seguridad y las organizaciones deben trabajar con sus proveedores de servicios en la nube para garantizar la seguridad de sus aplicaciones y datos.

5.2 Desafíos de seguridad en la nube:

5.2.1 Violaciones de datos y acceso no autorizado:

Una de las principales preocupaciones en el entorno de la nube es el riesgo de violaciones de datos y acceso no autorizado. Los proveedores de la nube suelen implementar medidas de seguridad sólidas, pero las organizaciones también deben tomar medidas para proteger sus datos. Los mecanismos de autenticación débiles, las configuraciones inseguras y los controles de acceso inadecuados pueden exponer datos confidenciales a personas no autorizadas o actores malintencionados.

Un ejemplo destacado de una filtración de datos en la nube es la filtración de Capital One en 2019. Un pirata informático explotó un firewall de aplicaciones web (WAF) mal configurado en la infraestructura de la nube y obtuvo acceso no autorizado a la información personal de aproximadamente 106 millones de clientes de Capital One. El incidente resaltó la importancia de implementar fuertes controles de acceso y auditar periódicamente las configuraciones de la nube para evitar el acceso no autorizado.

5.2.2 API no seguras:

Las interfaces de programación de aplicaciones (API) permiten la comunicación y el intercambio de datos entre servicios y aplicaciones en la nube. Sin embargo, las API inseguras pueden representar un riesgo de seguridad significativo. Si las API no están debidamente protegidas, pueden ser vulnerables a ataques como abuso de API, ataques de inyección o acceso a API no autorizado.

Por ejemplo, en 2020, una API mal configurada en la plataforma de administración de redes sociales basada en la nube, SocialArks, expuso la información personal y los datos de cuentas de redes sociales de miles de usuarios. Este incidente subrayó la necesidad de que las organizaciones evalúen minuciosamente la seguridad de las API e implementen mecanismos sólidos de autenticación y autorización.

5.2.3 Pérdida y recuperación de datos:

Los proveedores de la nube implementan mecanismos robustos de copia de seguridad y recuperación ante desastres, pero las organizaciones deben tener sus propias estrategias de copia de seguridad y recuperación de datos. La pérdida de datos puede ocurrir debido a una eliminación accidental, una falla de hardware o ataques cibernéticos. Sin los procedimientos de respaldo adecuados, las organizaciones corren el riesgo de perder datos críticos y enfrentar interrupciones operativas.

Un ejemplo reciente de pérdida de datos en la nube ocurrió en 2021 cuando una interrupción en un proveedor líder en la nube resultó en la pérdida de datos de clientes para algunas organizaciones. Aquellos que no tenían estrategias de respaldo adecuadas enfrentaron desafíos significativos para recuperar sus datos, lo que destaca la importancia de implementar respaldos regulares y probar el proceso de recuperación.

5.3 Mejores prácticas para proteger aplicaciones y servicios basados en la nube:

5.3.1 Comprender el modelo de responsabilidad compartida:

La seguridad en la nube es una responsabilidad compartida entre el proveedor de servicios en la nube y la organización. Es fundamental comprender la división de responsabilidades y asegurarse de que ambas partes cumplan con sus obligaciones. El proveedor de la nube es responsable de proteger la infraestructura subyacente, mientras que la organización es responsable de proteger sus aplicaciones, datos y acceso de usuarios.

5.3.2 Implementar Autenticación Fuerte y Controles de Acceso:

Asegúrese de que existan mecanismos de autenticación sólidos, como la autenticación multifactor (MFA), para proteger las cuentas de los usuarios. Implemente controles de acceso sólidos para limitar los privilegios de los usuarios y otorgar acceso solo a los recursos necesarios. Revise y actualice periódicamente los permisos de acceso de los usuarios para evitar el acceso no autorizado.

5.3.3 Cifrar datos:

Utilice técnicas de cifrado para proteger los datos confidenciales tanto en tránsito como en reposo. El cifrado garantiza que, incluso si los datos son interceptados o robados, siguen siendo ininteligibles para las personas no autorizadas. Cifre los datos antes de subirlos a la nube y elija servicios en la nube que ofrezcan capacidades de cifrado.

5.3.4 Supervisar y auditar periódicamente los entornos en la nube:

Implemente una estrategia robusta de monitoreo y auditoría para detectar y responder rápidamente a los incidentes de seguridad. Aproveche las herramientas y los servicios de seguridad nativos de la nube para monitorear la actividad del usuario, el tráfico de la red y los registros de aplicaciones. Revise regularmente los registros y realice auditorías para identificar cualquier actividad sospechosa o no autorizada.

5.3.5 Realizar evaluaciones de vulnerabilidad y pruebas de penetración:

Evalúe periódicamente la seguridad de las aplicaciones y los servicios basados en la nube a través de evaluaciones de vulnerabilidades y pruebas de penetración. Identifique y aborde cualquier vulnerabilidad o debilidad antes de que puedan ser explotados por actores malintencionados. Trabaje con profesionales de seguridad experimentados o proveedores externos para realizar evaluaciones exhaustivas.

5.3.6 Planificación de respaldo y recuperación ante desastres:

Implemente una estrategia integral de copia de seguridad y recuperación ante desastres para aplicaciones y datos basados en la nube. Realice copias de seguridad de los datos críticos con regularidad y pruebe el proceso de recuperación para garantizar que los datos se puedan restaurar en caso de pérdida de datos o falla del sistema. Considere el uso de almacenamiento redundante y ubicaciones de copia de seguridad dispersas geográficamente para mejorar la resiliencia.

5.4 Consideraciones de cumplimiento:
5.4.1 Reglamento General de Protección de Datos (RGPD):

El RGPD es una regulación integral de protección de datos que se aplica a las organizaciones que procesan los datos personales de los residentes de la Unión Europea (UE). Al utilizar aplicaciones y servicios basados en la nube, las organizaciones deben asegurarse de que el proveedor de la nube cumpla con los requisitos del RGPD. También deben revisar sus propias actividades de procesamiento de datos para garantizar el cumplimiento de los principios del RGPD, como la minimización de datos, la limitación del propósito y los derechos de los interesados.

5.4.2 Ley de Privacidad del Consumidor de California (CCPA):

La CCPA es una regulación de privacidad a nivel estatal en California, EE. UU., que otorga a los consumidores ciertos derechos con respecto a su información personal. Las organizaciones que manejan los datos personales de los residentes de California deben garantizar el cumplimiento de la CCPA al utilizar servicios basados en la nube. Esto incluye comprender cómo se recopilan, almacenan y comparten los datos personales dentro del entorno de la nube e implementar los controles necesarios para proteger los derechos de privacidad del consumidor.

5.4.3 Organización Internacional de Normalización (ISO) 27001:

ISO 27001 es un estándar reconocido internacionalmente para sistemas de gestión de seguridad de la información. Las organizaciones pueden utilizar ISO 27001 como marco para establecer y mantener un sistema de gestión de seguridad sólido para sus aplicaciones y servicios basados en la nube. Proporciona un enfoque sistemático para gestionar los riesgos de seguridad y demuestra un compromiso con las mejores prácticas de seguridad de la información.

Proteger las aplicaciones y los servicios basados en la nube es vital para las organizaciones en el panorama digital actual. Al comprender los desafíos de seguridad únicos e implementar las mejores prácticas, los ejecutivos no técnicos pueden mejorar la seguridad de sus entornos de nube. Las consideraciones clave incluyen la comprensión del modelo de responsabilidad compartida, la implementación de controles de acceso y autenticación sólidos, el cifrado de datos, el monitoreo y la auditoría de entornos en la nube, la realización de evaluaciones de vulnerabilidad y pruebas de penetración, y la planificación de copias de seguridad y recuperación ante desastres. Además, el cumplimiento de normativas como GDPR, CCPA e ISO 27001 garantiza la protección de los datos de los clientes y el cumplimiento de los estándares del sector. En el próximo capítulo,

Capítulo 6: Protección de dispositivos móviles

Los dispositivos móviles, como los teléfonos inteligentes y las tabletas, se han convertido en una parte integral de nuestra vida personal y profesional. Ofrecen comodidad, movilidad y conectividad, lo que nos permite estar conectados, acceder a la información y realizar diversas tareas sobre la marcha. Sin embargo, con la creciente dependencia de los dispositivos móviles surge la necesidad de contar con medidas sólidas de ciberseguridad para proteger los datos confidenciales y garantizar la privacidad de los usuarios. En este capítulo, exploraremos los desafíos únicos de seguridad cibernética que presentan los dispositivos móviles, brindaremos orientación práctica sobre cómo los profesionales no técnicos pueden proteger sus dispositivos móviles y analizaremos la importancia de la seguridad móvil en la era digital actual.

6.1 Riesgos de seguridad de dispositivos móviles:

Los dispositivos móviles se enfrentan a una serie de riesgos de seguridad que pueden comprometer la confidencialidad, la integridad y la disponibilidad de los datos. Comprender estos riesgos es crucial para implementar medidas de seguridad efectivas. Examinemos algunos de los riesgos clave:

6.1.1 Pérdida o robo del dispositivo:

La pérdida o el robo de un dispositivo móvil puede resultar en el acceso no autorizado a datos confidenciales. Si el dispositivo no está debidamente protegido, cualquier persona que lo encuentre o lo robe puede acceder potencialmente a correos electrónicos, contactos, documentos y otra información confidencial.

6.1.2 Aplicaciones móviles maliciosas:

Las aplicaciones móviles maliciosas están diseñadas para engañar a los usuarios o explotar vulnerabilidades para obtener acceso no autorizado a los datos o realizar actividades maliciosas. Estas aplicaciones pueden disfrazarse de aplicaciones legítimas o descargarse de tiendas de aplicaciones no oficiales o sitios web maliciosos.

6.1.3 Redes Wi-Fi no seguras:

Conectarse a redes Wi-Fi no seguras, como las de lugares públicos o cafeterías, puede exponer los dispositivos móviles a varios riesgos de seguridad. Los atacantes pueden interceptar el tráfico de la red, capturar información confidencial o incluso lanzar ataques de intermediario.

6.1.4 Ataques de phishing:

Los ataques de phishing dirigidos a dispositivos móviles se han vuelto cada vez más frecuentes. Los atacantes envían mensajes o correos electrónicos fraudulentos para engañar a los usuarios para que revelen información confidencial, como credenciales de inicio de sesión o detalles financieros.

6.1.5 Software y sistemas operativos obsoletos:

El uso de software o sistemas operativos obsoletos en dispositivos móviles puede dejarlos vulnerables a fallas de seguridad conocidas. Los atacantes a menudo se enfocan en estas vulnerabilidades para obtener acceso no autorizado o control sobre el dispositivo.

6.2 Mejores prácticas para la seguridad de dispositivos móviles:

6.2.1 Utilice contraseñas seguras para dispositivos o autenticación biométrica:

Implemente códigos de acceso seguros o aproveche la autenticación biométrica, como la huella digital o el reconocimiento facial, para proteger el acceso a su dispositivo móvil. Evite usar códigos de acceso fáciles de adivinar como "1234" o "contraseña".

6.2.2 Mantener actualizado el software y las aplicaciones:

Actualice periódicamente el sistema operativo, el firmware y las aplicaciones de su dispositivo móvil. Las actualizaciones a menudo incluyen parches de seguridad que abordan vulnerabilidades conocidas. Habilite las actualizaciones automáticas siempre que sea posible para garantizar que su dispositivo permanezca protegido contra las amenazas más recientes.

6.2.3 Tenga cuidado al instalar aplicaciones:

Solo descargue aplicaciones de las tiendas de aplicaciones oficiales, como Apple App Store o Google Play Store. Lea las reseñas de los usuarios, verifique las calificaciones de las aplicaciones y verifique la reputación del desarrollador de la aplicación antes de instalar cualquier aplicación nueva. Tenga en cuenta los permisos solicitados por las aplicaciones y considere si son necesarios para la funcionalidad de la aplicación.

6.2.4 Habilitar Buscar mi dispositivo o Borrado remoto:

Active la función "Buscar mi dispositivo" disponible en la mayoría de los dispositivos móviles. Esta característica le permite rastrear la ubicación de su dispositivo o borrar sus datos de forma remota en caso de pérdida o robo. Familiarícese con los pasos necesarios para ubicar o borrar su dispositivo usando esta función.

6.2.5 Usar redes Wi-Fi seguras:

Siempre que sea posible, conéctese a redes Wi-Fi seguras que requieran una contraseña o usen encriptación, como WPA2. Evite conectarse a redes Wi-Fi abiertas o públicas que no tengan encriptación, ya que son más susceptibles a los ataques.

6.2.6 Sea precavido con el correo electrónico y la mensajería:

Tenga cuidado con los correos electrónicos, mensajes de texto o mensajes instantáneos no solicitados o sospechosos en su dispositivo móvil. Evite hacer clic en enlaces o abrir archivos adjuntos de fuentes desconocidas o que no sean de confianza. En caso de duda, verifique la legitimidad del mensaje con el remitente a través de otro canal.

6.2.7 Usar aplicaciones de seguridad móvil:

Considere instalar aplicaciones de seguridad móvil acreditadas que brinden capas adicionales de protección. Estas aplicaciones pueden ofrecer características como detección de malware, escaneo de aplicaciones, protección de navegación web y capacidades antirrobo.

6.3 Ejemplos actuales y escenarios del mundo real:

6.3.1 Troyanos bancarios móviles:

Los troyanos de banca móvil son un tipo de software malicioso que se dirige a las aplicaciones de banca móvil e intenta robar las credenciales de inicio de sesión y otra información confidencial. Por ejemplo, el troyano "BankBot" apuntó a dispositivos Android y se disfrazó de aplicaciones bancarias legítimas para engañar a los usuarios para que ingresaran sus credenciales de inicio de sesión.

6.3.2 Ataques basados en SMS:

Los ataques basados en SMS, también conocidos como smishing, implican el envío de mensajes SMS fraudulentos a usuarios de dispositivos móviles para engañarlos para que revelen información confidencial o descarguen aplicaciones maliciosas. En un caso, los atacantes enviaron mensajes SMS haciéndose pasar por un popular servicio de entrega, lo que incitó a los usuarios a hacer clic en un enlace malicioso que descargó malware en sus dispositivos.

6.3.3 Espionaje en Wi-Fi:

Los atacantes pueden configurar redes Wi-Fi no autorizadas con nombres similares a redes legítimas para engañar a los usuarios para que se conecten. Una vez conectados, pueden interceptar el tráfico de la red y capturar información confidencial, como nombres de usuario, contraseñas o datos financieros. Esto es particularmente común en espacios públicos como aeropuertos o cafeterías.

6.3.4 Aplicaciones maliciosas:

Se han encontrado aplicaciones maliciosas disfrazadas de juegos populares, utilidades o herramientas de productividad en tiendas de aplicaciones no oficiales o a través de fuentes de aplicaciones de terceros. Estas aplicaciones a menudo contienen malware que puede comprometer la seguridad de los dispositivos móviles y los datos almacenados en ellos.

6.4 Gestión de dispositivos móviles (MDM):

Las soluciones de administración de dispositivos móviles están diseñadas para ayudar a las organizaciones a administrar y proteger sus dispositivos móviles. Si bien este tema puede ser más relevante para los profesionales de TI, los ejecutivos no técnicos deben comprender los beneficios de implementar soluciones MDM dentro de sus organizaciones. Las soluciones de MDM permiten la administración centralizada de dispositivos móviles, lo que permite a los administradores aplicar políticas de seguridad, controlar las instalaciones de aplicaciones y administrar y borrar dispositivos de forma remota en caso de pérdida o robo.

Proteger los dispositivos móviles es esencial en el mundo actual impulsado por dispositivos móviles. Los profesionales no técnicos deben ser conscientes de los riesgos asociados con los dispositivos móviles e implementar las mejores prácticas para proteger sus dispositivos y la información confidencial. Mediante el uso de códigos de acceso seguros o autenticación biométrica, manteniendo el software y las aplicaciones actualizados, teniendo cuidado con el correo electrónico y la mensajería, y utilizando redes Wi-Fi seguras, las personas pueden mejorar significativamente la seguridad de sus dispositivos móviles. Además, tener en cuenta los ejemplos actuales y los escenarios del mundo real ayuda a comprender el panorama de amenazas en evolución. En el próximo capítulo, exploraremos los desafíos únicos de seguridad cibernética que presentan los dispositivos de Internet de las cosas (IoT) y brindaremos orientación práctica sobre cómo asegurarlos de manera efectiva.

Capítulo 7: Protección del Internet de las Cosas (IoT)

El Internet de las cosas (IoT) ha revolucionado la forma en que interactuamos con la tecnología y el mundo que nos rodea. Los dispositivos IoT, como dispositivos domésticos inteligentes, sensores portátiles e industriales, están interconectados y son capaces de recopilar e intercambiar datos. Si bien IoT ofrece numerosos beneficios y comodidades, también presenta desafíos de ciberseguridad únicos. En este capítulo, exploraremos la importancia de asegurar los dispositivos IoT, discutiremos los riesgos asociados con IoT y brindaremos orientación práctica sobre cómo los profesionales no técnicos pueden proteger sus dispositivos y datos IoT.

7.1 Comprender los riesgos de IoT:

Los dispositivos IoT son vulnerables a una variedad de riesgos de seguridad que pueden tener graves consecuencias si no se abordan. Examinemos algunos de los riesgos clave asociados con IoT:

7.1.1 Autenticación y autorización débiles:

Muchos dispositivos IoT vienen con mecanismos de autenticación débiles o predeterminados, lo que los convierte en objetivos fáciles para el acceso no autorizado. Los atacantes pueden explotar estas vulnerabilidades para obtener el control de los dispositivos o acceder a los datos que recopilan.

7.1.2 Falta de Cifrado:

Los protocolos de cifrado inadecuados o ausentes en los dispositivos IoT pueden exponer los datos confidenciales a la intercepción o manipulación. Sin encriptación, los actores maliciosos pueden acceder fácilmente a los datos transmitidos entre los dispositivos IoT y sus sistemas asociados.

7.1.3 Vulnerabilidades en Firmware y Software:

Los dispositivos IoT a menudo dependen del firmware y el software para funcionar. Sin embargo, estos componentes pueden contener vulnerabilidades que pueden ser aprovechadas por atacantes. Sin actualizaciones y parches regulares, los dispositivos IoT siguen siendo susceptibles a fallas de seguridad conocidas.

7.1.4 Protocolos de comunicación inseguros:

Los dispositivos IoT se comunican entre sí y con otros sistemas a través de varios protocolos. Los atacantes pueden atacar los protocolos de comunicación inseguros u obsoletos para interceptar o manipular los datos transmitidos por los dispositivos IoT.

7.1.5 Falta de Seguridad Física:

La seguridad física a menudo se pasa por alto en el contexto de los dispositivos IoT. El acceso físico no autorizado a los dispositivos IoT puede provocar la manipulación, el robo de datos o la introducción de componentes maliciosos.

7.2 Mejores prácticas para asegurar dispositivos IoT:

7.2.1 Cambiar credenciales predeterminadas:

Uno de los primeros pasos para proteger los dispositivos IoT es cambiar los nombres de usuario y contraseñas predeterminados. Utilice contraseñas seguras y únicas para cada dispositivo y asegúrese de que no sean fáciles de adivinar.

7.2.2 Mantener actualizado el firmware y el software:

Actualice periódicamente el firmware y el software de los dispositivos IoT. Los fabricantes a menudo lanzan parches y actualizaciones para abordar las vulnerabilidades de seguridad. Busque actualizaciones periódicamente o habilite las actualizaciones automáticas si están disponibles.

7.2.3 Implementar la segmentación de la red:

La segmentación de su red aísla los dispositivos IoT de los sistemas críticos y los datos confidenciales. Al crear segmentos de red separados, limita el impacto potencial de un dispositivo IoT comprometido.

7.2.4 Usar protocolos de comunicación seguros:

Asegúrese de que los dispositivos IoT se comuniquen a través de protocolos seguros, como HTTPS o TLS, para cifrar los datos en tránsito. Evite el uso de protocolos inseguros como HTTP o FTP.

7.2.5 Deshabilitar funciones y servicios no utilizados:

Deshabilite cualquier característica o servicio en los dispositivos IoT que no sean esenciales para su uso previsto. Las características no utilizadas pueden introducir vulnerabilidades adicionales que los atacantes pueden aprovechar.

7.2.6 Realizar evaluaciones de vulnerabilidad:

Evalúe periódicamente la seguridad de sus dispositivos IoT realizando evaluaciones de vulnerabilidad o contratando profesionales de seguridad externos. Identifique cualquier debilidad o vulnerabilidad potencial y tome las medidas correctivas apropiadas.

7.2.7 Establecimiento de un proceso seguro de gestión de contraseñas:

Desarrolle un proceso seguro de administración de contraseñas para dispositivos IoT. Esto incluye el uso de administradores de contraseñas, el cumplimiento de los requisitos de complejidad de las contraseñas y la actualización regular de las contraseñas.

7.3 Ejemplos actuales y escenarios del mundo real:

7.3.1 Red de bots Mirai:

La botnet Mirai es un ejemplo destacado de cómo los dispositivos IoT inseguros pueden aprovecharse para fines maliciosos. En 2016, la botnet Mirai fue responsable de lanzar ataques masivos de denegación de servicio distribuido (DDoS) al explotar vulnerabilidades en dispositivos IoT con seguridad débil. Este incidente destaca la importancia de asegurar los dispositivos IoT para evitar que los atacantes los conviertan en armas.

7.3.2 Vulnerabilidades de hogares inteligentes:

Se ha descubierto que los dispositivos domésticos inteligentes, como cerraduras inteligentes, cámaras de seguridad y termostatos, tienen vulnerabilidades que exponen a los usuarios a riesgos potenciales. Por ejemplo, algunas cerraduras inteligentes han sido susceptibles de piratería, lo que permite el acceso no autorizado a los hogares. Subraya la necesidad de medidas de seguridad sólidas para proteger los dispositivos IoT dentro de nuestros hogares.

7.3.3 Incidentes de seguridad de IoT industrial:

En entornos industriales, los dispositivos IoT a menudo se usan para monitorear y controlar la infraestructura crítica. Sin embargo, varios incidentes de seguridad han resaltado los riesgos asociados con los dispositivos IoT industriales inseguros. Por ejemplo, un ataque cibernético de 2017 tuvo como objetivo una planta petroquímica en Arabia Saudita, lo que provocó interrupciones significativas. Este incidente subraya la importancia de proteger los dispositivos IoT en entornos industriales para salvaguardar la infraestructura crítica.

Asegurar los dispositivos IoT es crucial para proteger los datos confidenciales, mantener la privacidad y mitigar los riesgos asociados con los sistemas interconectados. Al comprender los riesgos únicos que plantea IoT, implementar mejores prácticas, como cambiar las credenciales predeterminadas, mantener el firmware y el software actualizados, segmentar redes, usar protocolos de comunicación seguros, deshabilitar funciones no utilizadas, realizar evaluaciones de vulnerabilidad y establecer un proceso seguro de administración de contraseñas, no los profesionales técnicos pueden mejorar significativamente la postura de seguridad de sus dispositivos IoT. En el próximo capítulo, exploraremos el concepto de seguro de seguridad cibernética y su importancia para las empresas en la mitigación de los riesgos financieros asociados con los incidentes cibernéticos.

8

Capítulo 8: Seguro de Ciberseguridad

A medida que el panorama de amenazas sigue evolucionando, las organizaciones se enfrentan a riesgos cada vez mayores de ataques cibernéticos y filtraciones de datos. Las implicaciones financieras de tales incidentes pueden ser significativas, incluidos los costos asociados con la remediación, los gastos legales, las multas reglamentarias y el daño a la reputación. El seguro de ciberseguridad, también conocido como seguro cibernético o seguro de responsabilidad civil cibernética, es una solución emergente que ayuda a las empresas a mitigar los riesgos financieros asociados con los incidentes cibernéticos. En este capítulo, exploraremos qué es un seguro de ciberseguridad, qué cubre y cómo los profesionales no técnicos pueden tomar decisiones informadas al seleccionar una póliza para su organización.

8.1 Comprender el seguro de ciberseguridad:

El seguro de ciberseguridad es un tipo de cobertura de seguro diseñado para proteger a las organizaciones de pérdidas financieras resultantes de incidentes cibernéticos. Está diseñado específicamente para abordar los riesgos y desafíos únicos que plantean las ciberamenazas. Las pólizas de seguro cibernético generalmente brindan cobertura para varios aspectos de un incidente cibernético, incluidas las filtraciones de datos, las fallas de seguridad de la red y la interrupción del negocio.

8.1.1 Cobertura por violación de datos:

Las violaciones de datos implican el acceso no autorizado o la divulgación de datos confidenciales, como información de clientes, registros de empleados o propiedad intelectual. Las pólizas de seguro cibernético generalmente cubren los costos asociados con la investigación y la respuesta a las filtraciones de datos, incluidas las investigaciones forenses, la notificación a las personas afectadas, la prestación de servicios de control de crédito y los gastos legales.

8.1.2 Cobertura por Interrupción de Negocios:

Los incidentes cibernéticos pueden interrumpir las operaciones comerciales y provocar pérdidas financieras. Las pólizas de seguro cibernético pueden cubrir los gastos relacionados con la interrupción del negocio, como la pérdida de ingresos, los gastos adicionales incurridos para restaurar sistemas y operaciones y los esfuerzos de mitigación de daños a la reputación.

8.1.3 Cobertura por extorsión y ransomware:

Los ataques de ransomware, en los que los ciberdelincuentes encriptan datos y exigen un rescate por su liberación, se han vuelto cada vez más comunes. Las pólizas de seguro cibernético pueden cubrir los costos asociados con los pagos de rescate, las negociaciones con los atacantes y la restauración de sistemas después de un ataque.

8.1.4 Cobertura de Responsabilidad de Privacidad:

La responsabilidad de privacidad se refiere a las obligaciones legales que tienen las organizaciones para proteger la información personal de las personas. Las pólizas de seguro cibernético a menudo brindan cobertura para gastos legales y daños resultantes de violaciones de la privacidad, incluidas demandas y multas reglamentarias.

8.2 Evaluación de las necesidades de seguros de ciberseguridad:

8.2.1 Evaluar las medidas de ciberseguridad existentes:

Antes de comprar una póliza de seguro cibernético, es esencial evaluar la postura actual de seguridad cibernética de su organización. Identifique las medidas y protocolos de seguridad ya implementados, incluidos firewalls, software antivirus, programas de capacitación para empleados y planes de respuesta a incidentes. Esta evaluación ayuda a determinar cualquier brecha en la cobertura e informa la selección de una póliza de seguro adecuada.

8.2.2 Realizar una evaluación de riesgos:

Comprenda los riesgos específicos que enfrenta su organización. Considere factores como la confidencialidad de los datos que maneja, la industria en la que opera, el tamaño de su organización y el entorno regulatorio. Una evaluación integral de riesgos puede guiarlo en la selección de los límites de cobertura y las opciones de póliza adecuadas.

8.2.3 Revisar los requisitos reglamentarios:

Dependiendo de su industria y ubicación geográfica, puede haber requisitos legales o reglamentarios para el seguro de ciberseguridad. Familiarícese con las leyes y reglamentaciones pertinentes para garantizar el cumplimiento y comprender los requisitos de cobertura específicos.

8.3 Selección de una Póliza de Seguro de Ciberseguridad:

8.3.1 Tipos de Cobertura y Límites:

Revise detenidamente los tipos de cobertura que ofrecen los diferentes proveedores de seguros y asegúrese de que se ajusten a las necesidades específicas de su organización. Considere los límites, sublímites y deducibles de cobertura de la póliza. Evalúe si la política cubre adecuadamente el impacto financiero potencial de un incidente cibernético, incluidos los costos de investigación, notificación, defensa legal e interrupción del negocio.

8.3.2 Exclusiones y Condiciones:

Preste atención a las exclusiones o condiciones descritas en la póliza. Las exclusiones pueden limitar la cobertura para tipos específicos de incidentes o circunstancias. Las condiciones pueden incluir requisitos para implementar medidas de seguridad específicas o adherirse a protocolos específicos de respuesta a incidentes. Asegúrese de que entiende y puede cumplir con las condiciones de la póliza.

8.3.3 Cobertura de Fecha Retroactiva y Actos Previos:

Algunas pólizas pueden tener una fecha retroactiva que especifica el período durante el cual se brinda cobertura para actos anteriores. Comprenda la fecha retroactiva y asegúrese de que se alinee con las necesidades específicas de su organización.

Si su organización tuvo incidentes de seguridad cibernética anteriores, asegúrese de que dichos incidentes estén cubiertos por la política.

8.3.4 Cláusulas de Subrogación y Agregación:

Las cláusulas de subrogación determinan si el proveedor de seguros puede emprender acciones legales contra un tercero responsable de un incidente cibernético. Las cláusulas de agregación rigen cómo el proveedor de seguros calcula las pérdidas cuando ocurren múltiples incidentes cibernéticos dentro de un período específico. Revise estas cláusulas para comprender sus implicaciones para su organización.

8.4 Seguros de Ciberseguridad y Mitigación de Riesgos:

8.4.1 Gestión de Riesgos y Control de Pérdidas:

El seguro de ciberseguridad no es un sustituto de las prácticas efectivas de gestión de riesgos. Implemente medidas sólidas de ciberseguridad, incluidas evaluaciones regulares de vulnerabilidad, capacitación de empleados, planificación de respuesta a incidentes y gestión segura de datos. Las aseguradoras pueden ofrecer descuentos o términos favorables para organizaciones que demuestren esfuerzos proactivos de mitigación de riesgos.

8.4.2 Preparación para la respuesta a incidentes:

Un plan de respuesta a incidentes es crucial para una gestión eficaz de los incidentes cibernéticos. Revise los procedimientos de respuesta a incidentes de su organización y asegúrese de que se alineen con los requisitos descritos en la póliza de seguro. Actualice y pruebe periódicamente su plan de respuesta a incidentes para abordar las amenazas emergentes y garantizar su eficacia.

8.5 Mantenerse informado e interactuar con las aseguradoras:

8.5.1 Monitoreo del Mercado de Seguros Cibernéticos:

El panorama de los seguros de ciberseguridad está en continua evolución. Manténgase informado sobre las últimas tendencias, opciones de políticas y cambios en el mercado. Evalúe regularmente las necesidades de seguro de su organización y considere reevaluar su póliza a medida que cambien las circunstancias.

8.5.2 Contratación con aseguradores y corredores:

Establezca una relación con su proveedor o corredor de seguros. Participe en discusiones para obtener una comprensión más profunda de los términos de la póliza y las opciones de cobertura.

Busque su experiencia para asegurarse de tener la cobertura adecuada y para abordar cualquier inquietud o pregunta.

8.6 Ejemplos del mundo real:

8.6.1 Violación de datos de Equifax:

En 2017, Equifax, una de las agencias de informes crediticios más grandes, experimentó una violación masiva de datos que expuso información confidencial de aproximadamente 147 millones de personas. El incidente resultó en pérdidas financieras significativas, daños a la reputación, gastos legales y multas reglamentarias. Equifax contaba con un seguro de ciberseguridad, lo que ayudó a mitigar parte del impacto financiero.

8.6.2 Ataque de ransomware NotPetya:

El ataque de ransomware NotPetya de 2017 se dirigió a organizaciones de todo el mundo, causando interrupciones generalizadas y pérdidas financieras. Varias organizaciones afectadas confiaron en el seguro cibernético para cubrir los costos asociados con la remediación, la interrupción del negocio y el daño a la reputación.

8.6.3 RGPD y multas reglamentarias:

Con la introducción del Reglamento General de Protección de Datos (GDPR) en la Unión Europea, las organizaciones enfrentan el riesgo de multas sustanciales por incumplimiento de los requisitos de protección de datos. El seguro de ciberseguridad puede ayudar a cubrir los costos de las multas y los gastos legales resultantes de las acciones de cumplimiento normativo.

En conclusión, el seguro de ciberseguridad juega un papel vital en la mitigación de los riesgos financieros asociados con los incidentes cibernéticos. Al comprender los tipos de cobertura, realizar evaluaciones exhaustivas, seleccionar la póliza adecuada, implementar medidas efectivas de mitigación de riesgos y colaborar con las aseguradoras, los profesionales no técnicos pueden tomar decisiones informadas para proteger a sus organizaciones del impacto financiero de las ciberamenazas. En el próximo capítulo, exploraremos la importancia de reclutar talento en seguridad cibernética y crear una fuerza laboral capacitada para mejorar la postura de seguridad de una organización.

Capítulo 9: Reclutamiento de talento en ciberseguridad

En el panorama digital actual, la demanda de profesionales capacitados en ciberseguridad continúa superando la oferta disponible. Las organizaciones de todas las industrias se enfrentan a una necesidad cada vez mayor de personas calificadas que puedan proteger sus valiosos activos de las amenazas cibernéticas. En este capítulo, profundizaremos en la importancia de reclutar talento en seguridad cibernética y brindaremos orientación para profesionales no técnicos sobre cómo identificar las habilidades y la experiencia necesarias para los diferentes roles de seguridad cibernética. También exploraremos las diferencias entre los líderes técnicos y los gerentes de ciberseguridad, y brindaremos ejemplos del mundo real para ilustrar la importancia de contratar el talento de ciberseguridad adecuado.

9.1 La importancia del talento en ciberseguridad:

9.1.1 Panorama creciente de amenazas cibernéticas:

A medida que las ciberamenazas se vuelven más sofisticadas y frecuentes, las organizaciones deben reforzar sus capacidades de ciberseguridad. Los profesionales capacitados en ciberseguridad desempeñan un papel fundamental en la detección y mitigación de estas amenazas, asegurando la confidencialidad, integridad y disponibilidad de los datos y sistemas confidenciales.

9.1.2 Impacto de los Incidentes de Ciberseguridad:

Los incidentes de ciberseguridad pueden tener importantes consecuencias financieras, legales y reputacionales. Un equipo de seguridad cibernética fuerte con la experiencia adecuada puede ayudar a prevenir y responder de manera efectiva a los incidentes, minimizando el impacto en la organización.

9.1.3 Cumplimiento y requisitos reglamentarios:

Muchas industrias tienen requisitos normativos y de cumplimiento de ciberseguridad específicos que las organizaciones deben cumplir. La contratación de profesionales de ciberseguridad que comprendan estos requisitos y puedan implementar los controles apropiados es esencial para mantener el cumplimiento y evitar sanciones.

9.2 Identificación de las habilidades y la experiencia necesarias:

9.2.1 Habilidades Técnicas:

Los diferentes roles de ciberseguridad requieren habilidades técnicas específicas. Por ejemplo, un ingeniero de seguridad de redes debe tener experiencia en protocolos de red, firewalls, sistemas de detección de intrusos y herramientas de evaluación de vulnerabilidades. Un analista de inteligencia de amenazas necesita conocimientos sobre plataformas de inteligencia de amenazas, análisis de malware y técnicas de respuesta a incidentes. Identifique las habilidades técnicas requeridas para cada función para garantizar que los candidatos posean la experiencia necesaria.

9.2.2 Conocimiento de marcos y estándares de seguridad:

Es esencial estar familiarizado con los marcos y estándares de seguridad reconocidos por la industria, como ISO 27001, NIST Cybersecurity Framework o CIS Controls. Estos marcos proporcionan una hoja de ruta para implementar controles de seguridad efectivos. Busque candidatos que tengan experiencia en alinear las prácticas de seguridad con estos marcos.

9.2.3 Habilidades blandas:

Los profesionales de ciberseguridad deben poseer excelentes habilidades de comunicación, resolución de problemas y análisis. Deben poder comunicar de manera efectiva conceptos de seguridad complejos a las partes interesadas tanto técnicas como no técnicas. Busque candidatos que puedan trabajar en colaboración, adaptarse a las amenazas en evolución y pensar críticamente en situaciones de alta presión.

9.2.4 Aprendizaje Continuo y Adaptabilidad:

El panorama de la ciberseguridad está en constante evolución. Busque candidatos que demuestren un compromiso con el aprendizaje continuo y se mantengan actualizados sobre las amenazas emergentes, las tendencias de la industria y las nuevas tecnologías. Busque personas que sean adaptables y que puedan aprender rápidamente nuevas herramientas y técnicas.

9.3 Líderes Técnicos vs. Gerentes de Ciberseguridad:

9.3.1 Líderes Técnicos:

Los líderes técnicos en ciberseguridad son responsables de la implementación práctica y la gestión de los controles de seguridad. Tienen una gran experiencia técnica y, a menudo, cuentan con certificaciones especializadas, como Certified Information Systems Security Professional (CISSP) o Certified Ethical Hacker (CEH). Los líderes técnicos juegan un papel crucial en el diseño e implementación de medidas de seguridad efectivas, realizando evaluaciones de vulnerabilidad y respondiendo a incidentes.

9.3.2 Responsables de Ciberseguridad:

Los gerentes de ciberseguridad supervisan la planificación estratégica, el desarrollo de políticas y la coordinación de las iniciativas de ciberseguridad dentro de una organización. Si bien pueden tener antecedentes técnicos, su enfoque principal es administrar el programa de seguridad cibernética, garantizar el cumplimiento de las regulaciones y alinear los objetivos de seguridad con las metas comerciales. Los gerentes de seguridad cibernética a menudo tienen certificaciones como Gerente de Seguridad de la Información Certificado (CISM) o Auditor de Sistemas de Información Certificado (CISA).

9.4 Ejemplos del mundo real:

9.4.1 Ataque a la cadena de suministro de SolarWinds:

El ataque a la cadena de suministro de SolarWinds, descubierto en 2020, expuso vulnerabilidades en las cadenas de suministro de software, lo que afectó a numerosas organizaciones y agencias gubernamentales. La contratación de profesionales de ciberseguridad con experiencia en seguridad de la cadena de suministro y la capacidad de evaluar y mitigar dichos riesgos podría haber ayudado a las organizaciones a identificar y responder al ataque de manera más efectiva.

9.4.2 Ataques de Ransomware a Organizaciones de Salud:

Las organizaciones de atención médica han sido objetivos frecuentes de ataques de ransomware, lo que resultó en servicios interrumpidos, datos de pacientes comprometidos y pérdidas financieras. La contratación de profesionales de ciberseguridad con experiencia en seguridad de la atención médica y conocimiento de regulaciones específicas de la industria, como la Ley de responsabilidad y portabilidad de seguros médicos (HIPAA), es crucial para proteger la privacidad del paciente y mantener la integridad de los sistemas de atención médica críticos.

9.4.3 Escasez de talento en la industria de la ciberseguridad:

La escasez mundial de profesionales capacitados en ciberseguridad plantea un desafío importante para las organizaciones. El Estudio de la Fuerza Laboral de Ciberseguridad de 2021 realizado por (ISC)[2] estimó una escasez de 3,12 millones de profesionales de ciberseguridad en todo el mundo. Esta escasez enfatiza la importancia de estrategias sólidas de reclutamiento, programas de desarrollo de talento y enfoques creativos para atraer y retener talento en ciberseguridad.

9.5 Estrategias de reclutamiento:

9.5.1 Redes y participación de la industria:

Desarrolle relaciones con profesionales de la industria, asista a conferencias y eventos de ciberseguridad e interactúe con comunidades de ciberseguridad para expandir su red. La creación de redes puede ayudarlo a identificar candidatos potenciales y obtener información sobre las tendencias emergentes y las mejores prácticas.

9.5.2 Colaborando con Instituciones Académicas:

Asociarse con instituciones académicas que ofrecen programas de ciberseguridad puede ser una forma efectiva de reclutar talento. Establezca relaciones con profesores y estudiantes, ofrezca pasantías o aprendizajes y participe en ferias de empleo para atraer a jóvenes talentos apasionados por la ciberseguridad.

9.5.3 Aprovechamiento de Asociaciones y Certificaciones Profesionales:

Involúcrate con asociaciones profesionales y organismos de certificación como (ISC)^2, CompTIA o ISACA. Estas organizaciones brindan recursos para ofertas de trabajo, desarrollo profesional y acceso a una red de profesionales certificados.

9.5.4 Fuentes de talento no tradicionales:

Considere candidatos con antecedentes no tradicionales, como personas que están en transición del ejército, las fuerzas del orden u otros campos técnicos. Muchas habilidades adquiridas en estos campos, como el pensamiento crítico, la resolución de problemas y la atención a los detalles, pueden transferirse a roles de seguridad cibernética.

9.6 Desarrollo de una fuerza laboral calificada:

9.6.1 Capacitación y desarrollo profesional:

Invierte en oportunidades de capacitación y desarrollo profesional para tu equipo de ciberseguridad. Anímelos a obtener certificaciones de la industria y asistir a talleres y conferencias relevantes. El aprendizaje continuo no solo mejora sus habilidades, sino que también demuestra su compromiso con su crecimiento y desarrollo.

9.6.2 Programas de tutoría:

Implemente programas de tutoría dentro de su organización para fomentar la transferencia de conocimientos y el desarrollo de habilidades. Empareje a profesionales experimentados en seguridad cibernética con miembros junior del equipo para brindar orientación, apoyo y asesoramiento profesional.

9.6.3 Estrategias de retención:

Retener el talento en ciberseguridad es tan crucial como reclutarlo. Desarrolle un ambiente de trabajo positivo, ofrezca compensaciones y beneficios competitivos y brinde oportunidades para el avance profesional. Reconozca y recompense el desempeño excepcional para fomentar la lealtad y la retención.

En conclusión, la contratación y retención de profesionales capacitados en seguridad cibernética es vital para que las organizaciones combatan de manera efectiva el panorama en constante evolución de las amenazas cibernéticas. Al comprender las habilidades necesarias, diferenciar entre líderes técnicos y gerentes de seguridad cibernética e implementar estrategias de reclutamiento efectivas, los profesionales no técnicos pueden contribuir a construir una fuerza laboral sólida en seguridad cibernética. En el próximo capítulo, exploraremos la importancia de gestionar los riesgos de ciberseguridad de terceros y las mejores prácticas para la gestión de proveedores.

10

Capítulo 10: Gestión de riesgos de ciberseguridad de terceros

En el panorama empresarial interconectado actual, las organizaciones a menudo confían en proveedores y socios externos para ofrecer productos, servicios y componentes de infraestructura críticos. Sin embargo, esta dependencia de entidades externas introduce nuevos riesgos de ciberseguridad. En este capítulo, exploraremos los riesgos de seguridad cibernética asociados con el trabajo con proveedores externos y brindaremos orientación práctica sobre cómo evaluar y administrar estos riesgos. Discutiremos las mejores prácticas para la gestión de proveedores, la diligencia debida y los acuerdos contractuales. A través de ejemplos del mundo real, destacaremos la importancia de gestionar los riesgos de ciberseguridad de terceros y las posibles consecuencias de no hacerlo.

10.1 Comprensión de los riesgos de ciberseguridad de terceros:

10.1.1 Superficie de ataque ampliada:

Cuando las organizaciones interactúan con proveedores externos, expanden efectivamente su superficie de ataque. Un ataque a los sistemas o la infraestructura de un proveedor puede tener un efecto dominó y comprometer la seguridad de las redes, los datos y las operaciones de la organización.

10.1.2 Datos y acceso compartidos:

Los proveedores externos a menudo tienen acceso a datos, sistemas o redes confidenciales. Si sus controles de seguridad son insuficientes, podría dar lugar a accesos no autorizados, filtraciones de datos o incluso sabotaje. Es esencial evaluar la postura de seguridad de los proveedores y garantizar que se implementen las medidas adecuadas para proteger los datos y activos compartidos.

10.1.3 Cumplimiento normativo:

Las organizaciones pueden estar sujetas a normas y estándares específicos de la industria que les exigen garantizar la seguridad y privacidad de los datos de los clientes, incluso cuando se comparten con terceros. La falta de gestión de los riesgos de ciberseguridad de terceros puede resultar en incumplimiento y posibles consecuencias legales y financieras.

10.2 Mejores prácticas para gestionar los riesgos de ciberseguridad de terceros:

10.2.1 Evaluación de riesgos del proveedor:

Llevar a cabo una evaluación integral de riesgos de proveedores es un paso crucial en la gestión de riesgos de ciberseguridad de terceros. Evalúe los controles de seguridad, las prácticas y el historial de los proveedores para evaluar su capacidad para proteger los datos y sistemas de su organización. Considere factores como sus políticas de seguridad, capacidades de respuesta a incidentes y su cumplimiento con los estándares de seguridad relevantes.

10.2.2 Diligencia debida:

Antes de comprometerse con un proveedor externo, realice la debida diligencia para recopilar información sobre su reputación, estabilidad financiera y prácticas de seguridad. Solicite referencias y realice verificaciones de antecedentes para asegurarse de que está trabajando con un socio respetable y confiable.

10.2.3 Requisitos de Seguridad en los Contratos:

Incluya requisitos específicos de ciberseguridad en los contratos con proveedores externos. Defina claramente las expectativas con respecto a los controles de seguridad, los procedimientos de respuesta a incidentes, las medidas de protección de datos y el cumplimiento de la normativa aplicable. Los acuerdos contractuales también deben abordar las consecuencias del incumplimiento y establecer mecanismos para auditorías y evaluaciones periódicas de la seguridad.

10.2.4 Supervisión y auditoría continuas:

La gestión de proveedores no debe terminar con la firma de un contrato. Establezca un proceso para el monitoreo y la auditoría continuos de las prácticas de seguridad de los proveedores. Evalúe regularmente sus controles de seguridad, revise los informes de auditoría y realice pruebas de penetración o evaluaciones de vulnerabilidad para garantizar que se mantengan los estándares de seguridad en toda la asociación.

10.2.5 Respuesta y notificación de incidentes:

Defina los roles, responsabilidades y protocolos de comunicación para manejar incidentes de ciberseguridad que involucren a proveedores externos. Establezca procedimientos claros para la respuesta a incidentes, incluida la notificación oportuna de cualquier infracción o incidente de seguridad. Colabore con los proveedores para desarrollar planes conjuntos de respuesta a incidentes y garantizar la alineación para abordar amenazas potenciales.

10.3 Ejemplos del mundo real:

10.3.1 Violación de datos objetivo:

La violación de datos de Target en 2013 sirve como un ejemplo destacado de los riesgos asociados con los proveedores externos. Los atacantes obtuvieron acceso a la red de Target al comprometer a un proveedor externo de HVAC, que tenía acceso a los sistemas de Target. Esta brecha resultó en el robo de datos personales y financieros de millones de clientes y tuvo graves implicaciones financieras y de reputación para Target.

10.3.2 Ataques a la cadena de suministro:

El ataque a la cadena de suministro de SolarWinds en 2020 destacó el impacto potencial de los proveedores de software comprometidos en la seguridad de las organizaciones. Los piratas informáticos se infiltraron en el proceso de desarrollo de software de SolarWinds, lo que llevó a la distribución de una actualización maliciosa a miles de organizaciones en todo el mundo. Este incidente demostró la necesidad de prácticas sólidas de seguridad en la cadena de suministro y una investigación exhaustiva de los proveedores de software.

10.3.3 Proveedores de servicios en la nube:

Las organizaciones a menudo confían en los proveedores de servicios en la nube (CSP) para almacenar y procesar sus datos. Si bien los CSP generalmente ofrecen medidas de seguridad sólidas, las organizaciones aún deben evaluar sus capacidades de seguridad y obligaciones contractuales. En 2021, un depósito de AWS S3 mal configurado expuso datos confidenciales de varias organizaciones, lo que destaca la importancia de comprender los modelos de responsabilidad compartida y realizar la diligencia debida adecuada al seleccionar y administrar los CSP.

La gestión eficaz de los riesgos de ciberseguridad de terceros es vital para salvaguardar los activos, los datos y la reputación de la organización. Mediante la realización de evaluaciones de riesgos integrales, la práctica de la diligencia debida, la incorporación de requisitos de seguridad en los contratos y el mantenimiento de un monitoreo y una auditoría continuos, las organizaciones pueden mitigar los riesgos potenciales asociados con los proveedores externos. En el próximo capítulo, exploraremos los pasos que las organizaciones deben seguir para responder a los incidentes de seguridad cibernética, incluida la detección, contención y recuperación de incidentes.

11

Capítulo 11: Respuesta a incidentes de ciberseguridad

En el panorama digital actual, ninguna organización es inmune a las ciberamenazas. A pesar de implementar medidas de seguridad sólidas, la posibilidad de un incidente de seguridad cibernética permanece. En este capítulo, exploraremos los pasos que las organizaciones deben seguir para responder a los incidentes de ciberseguridad. Discutiremos las estrategias de detección, contención y recuperación de incidentes, y brindaremos orientación práctica para una respuesta efectiva a incidentes. A través de ejemplos del mundo real, enfatizaremos la importancia de tener un plan de respuesta a incidentes y destacaremos las posibles consecuencias del mal manejo de los incidentes de ciberseguridad.

11.1 Detección de incidentes:

11.1.1 Sistemas de Monitoreo y Alerta:

La implementación de sistemas de monitoreo sólidos, como los sistemas de detección de intrusos (IDS) y las herramientas de gestión de eventos e información de seguridad (SIEM), es crucial para la detección oportuna de incidentes. Estos sistemas analizan el tráfico de la red, los archivos de registro y otras fuentes de datos relevantes para identificar actividades sospechosas o indicadores de compromiso.

11.1.2 Inteligencia de amenazas:

Aproveche las fuentes de inteligencia de amenazas para mantenerse informado sobre las últimas amenazas y técnicas de ataque. Suscribirse a las fuentes de inteligencia de amenazas, colaborar con grupos de la industria y monitorear la inteligencia de código abierto puede proporcionar información valiosa para ayudar a detectar y responder a las amenazas emergentes.

11.1.3 Conciencia del usuario e informes:

Eduque a los empleados sobre las señales de un posible incidente de ciberseguridad y aliéntelos a informar cualquier actividad sospechosa de inmediato. Establezca canales claros para informar incidentes, como una dirección de correo electrónico dedicada o una línea directa de respuesta a incidentes.

11.2 Contención de incidentes:

11.2.1 Aislamiento y Segmentación:

Cuando se detecta un incidente, aísle los sistemas o redes afectados para evitar la propagación del ataque. La segmentación ayuda a contener el impacto al limitar el acceso entre diferentes partes de la red, lo que reduce la capacidad del atacante para moverse lateralmente.

11.2.2 Desconexión de Sistemas Comprometidos:

En algunos casos, puede ser necesario desconectar los sistemas comprometidos de la red para evitar daños mayores. Sin embargo, se debe considerar cuidadosamente el impacto potencial en las operaciones comerciales y la necesidad de un análisis forense.

11.2.3 Clasificación de incidentes:

Realizar una evaluación inicial del incidente para determinar su alcance, impacto y gravedad. Priorice las acciones en función de la criticidad de los sistemas y datos afectados, centrándose en medidas de contención que puedan limitar el acceso del atacante y mitigar daños mayores.

11.3 Recuperación de incidentes:

11.3.1 Activación del equipo de respuesta a incidentes:

Active el equipo de respuesta a incidentes inmediatamente después de que se detecte el incidente. El equipo debe incluir representantes de varios departamentos, incluidos TI, legal, comunicaciones y alta gerencia. Asigne funciones y responsabilidades específicas a los miembros del equipo para garantizar una respuesta organizada y coordinada.

11.3.2 Investigación forense:

Involucrar a un equipo forense calificado para llevar a cabo una investigación exhaustiva del incidente. El análisis forense tiene como objetivo determinar la causa del incidente, identificar sistemas o datos comprometidos, recopilar evidencia para posibles procedimientos legales y recopilar información para fortalecer las defensas futuras.

11.3.3 Restauración del sistema:

Una vez contenido y analizado el incidente, proceder a la restauración del sistema. Esto implica reconstruir los sistemas afectados, aplicar parches o actualizaciones para abordar las vulnerabilidades y garantizar que los sistemas estén seguros antes de volver a conectarlos a la red.

11.3.4 Comunicación y Notificación:

Desarrolle un plan de comunicación para informar a las partes interesadas internas, clientes, socios y autoridades relevantes sobre el incidente. La comunicación oportuna y transparente ayuda a mantener la confianza, administrar la reputación y cumplir con los requisitos reglamentarios.

11.4 Ejemplos del mundo real:

11.4.1 Violación de datos de Equifax:

La violación de datos de Equifax en 2017 sirve como un ejemplo significativo de la importancia de una respuesta eficaz a incidentes. Los atacantes explotaron una vulnerabilidad en los sistemas de Equifax, lo que resultó en la exposición de datos personales y financieros confidenciales de aproximadamente 147 millones de personas. El incidente no solo generó pérdidas financieras sustanciales, sino que también dañó gravemente la reputación de Equifax y provocó repercusiones legales.

11.4.2 Ataque de ransomware de tubería colonial:

En mayo de 2021, Colonial Pipeline, que suministra combustible a una parte importante de los Estados Unidos, fue víctima de un ataque de ransomware. El ataque interrumpió el suministro de combustible y provocó compras de pánico en varios estados. El incidente destacó la criticidad de la respuesta a incidentes frente a ataques de ransomware y el impacto potencial en la infraestructura crítica.

11.4.3 Brote global de software malicioso NotPetya:

El brote de malware NotPetya en 2017 afectó a numerosas organizaciones en todo el mundo, incluida la importante empresa naviera Maersk, lo que provocó importantes interrupciones en sus operaciones. El incidente subrayó la importancia de una respuesta eficaz a incidentes, incluida la comunicación oportuna, la cooperación con las fuerzas del orden público y la implementación de procesos sólidos de copia de seguridad y recuperación.

La respuesta adecuada a incidentes es crucial para minimizar el impacto de los incidentes de ciberseguridad y facilitar la recuperación. Al establecer capacidades de detección de incidentes, implementar estrategias de contención efectivas y seguir un plan de respuesta a incidentes bien definido, las organizaciones pueden mitigar de manera efectiva el daño potencial causado por los ataques cibernéticos. En el próximo capítulo, exploraremos los desafíos únicos de seguridad cibernética que presenta el trabajo remoto y brindaremos orientación práctica sobre cómo proteger los entornos de trabajo remoto.

12

Capítulo 12: Ciberseguridad para el trabajo remoto

El auge del trabajo remoto ha revolucionado el lugar de trabajo moderno, proporcionando flexibilidad y comodidad. Sin embargo, también ha introducido desafíos únicos de ciberseguridad. En este capítulo, exploraremos los riesgos de seguridad asociados con el trabajo remoto y brindaremos orientación práctica sobre cómo proteger los entornos de trabajo remoto. A través de ejemplos del mundo real, destacaremos la importancia de implementar medidas de seguridad efectivas para proteger tanto a los empleados como a las organizaciones en la era del trabajo remoto.

12.1 Los desafíos únicos del trabajo remoto:

12.1.1 Uso de dispositivos personales:

El trabajo remoto a menudo implica que los empleados usen sus dispositivos personales para tareas relacionadas con el trabajo. Si bien esto brinda comodidad, también plantea problemas de seguridad. Los dispositivos personales pueden carecer de los controles de seguridad necesarios y pueden ser más susceptibles a infecciones de malware o acceso no autorizado.

12.1.2 Redes no seguras:

Trabajar de forma remota significa conectarse a varias redes, incluidas redes Wi-Fi domésticas, puntos de acceso Wi-Fi públicos o redes compartidas. Estas redes pueden ser vulnerables a ataques de espionaje y de intermediarios, lo que podría exponer datos confidenciales.

12.1.3 Phishing e ingeniería social:

Los atacantes a menudo explotan las distracciones e incertidumbres asociadas con el trabajo remoto para lanzar ataques de phishing o participar en tácticas de ingeniería social. Los empleados pueden ser más susceptibles de caer en estas estafas, lo que podría comprometer información confidencial o brindar acceso a los sistemas corporativos.

12.2 Protección de entornos de trabajo remotos:

12.2.1 Conexiones de red seguras:

Fomentar el uso de redes privadas virtuales (VPN) para establecer conexiones seguras entre los empleados remotos y las redes corporativas. Las VPN cifran los datos transmitidos a través de la red, protegiéndolos del acceso no autorizado.

12.2.2 Autenticación de múltiples factores:

Implemente la autenticación multifactor (MFA) para el acceso remoto a los recursos corporativos. MFA agrega una capa adicional de seguridad al requerir que los usuarios proporcionen múltiples formas de identificación, como una contraseña y un código único generado por una aplicación móvil o enviado por SMS.

12.2.3 Seguridad de punto final:

Asegúrese de que los dispositivos remotos tengan implementadas las medidas de seguridad de punto final adecuadas, como software antivirus actualizado, firewalls y parches regulares. Aliente a los empleados a usar dispositivos proporcionados por la empresa siempre que sea posible, ya que pueden administrarse y protegerse mejor.

12.2.4 Educación y concientización de los empleados:

Capacite a los empleados remotos sobre las mejores prácticas de seguridad cibernética, incluida la identificación y prevención de correos electrónicos de phishing, el uso de contraseñas seguras y únicas y el reconocimiento de actividades sospechosas. Comunicar regularmente actualizaciones de seguridad y recordatorios para reforzar los buenos hábitos de seguridad.

12.2.5 Protección y cifrado de datos:

Implemente medidas de protección de datos, como el cifrado de datos y las soluciones de prevención de pérdida de datos (DLP), para salvaguardar la información confidencial. El cifrado garantiza que los datos permanezcan protegidos incluso si son interceptados o accedidos por personas no autorizadas.

12.2.6 Herramientas de colaboración seguras:

Seleccione y use herramientas de colaboración seguras que proporcionen cifrado de extremo a extremo y controles de acceso sólidos. Asegúrese de que los empleados estén capacitados sobre el uso adecuado de estas herramientas y comprendan la importancia de proteger la información confidencial.

12.3 Ejemplos del mundo real:

12.3.1 Problemas de seguridad y privacidad de Zoom:

Durante la pandemia de COVID-19, la adopción generalizada de herramientas de videoconferencia, como Zoom, destacó la importancia de asegurar las plataformas de colaboración remota. Zoom enfrentó el escrutinio por problemas de seguridad y privacidad, incluido el acceso no autorizado a reuniones (los llamados "bombardeos de Zoom") y preocupaciones sobre la privacidad de los datos. Estos incidentes enfatizaron la necesidad de que las organizaciones evalúen y configuren cuidadosamente las herramientas de colaboración para mantener un entorno de trabajo remoto seguro.

12.3.2 Ataques de protocolo de escritorio remoto (RDP):

El Protocolo de escritorio remoto (RDP) es una herramienta de acceso remoto de uso común. Sin embargo, los atacantes se han aprovechado de los servicios RDP mal configurados para obtener acceso no autorizado a las redes corporativas. El aumento del trabajo remoto ha amplificado los riesgos asociados con los ataques RDP, lo que refuerza la necesidad de una autenticación sólida, configuraciones seguras y monitoreo de los servicios de acceso remoto.

12.4 Gestión de políticas de trabajo remoto:

12.4.1 Políticas de uso aceptable:

Establezca políticas claras de trabajo remoto que describan el uso aceptable de dispositivos personales, conexiones de red y herramientas de colaboración. Estas políticas también deben abordar la protección de datos, las responsabilidades de los empleados y las consecuencias del incumplimiento.

12.4.2 Evaluaciones y Auditorías Regulares:

Realice evaluaciones y auditorías periódicas para identificar vulnerabilidades, evaluar la eficacia de los controles de seguridad y garantizar el cumplimiento de las políticas de seguridad del trabajo remoto. Esto incluye evaluar la postura de seguridad de los dispositivos de los empleados, las configuraciones de red y los mecanismos de acceso remoto.

12.4.3 Respuesta a incidentes para incidentes remotos:

Desarrolle un plan de respuesta a incidentes específico para incidentes remotos, incluidos los procedimientos para informar e investigar incidentes de seguridad. El trabajo remoto presenta desafíos únicos para la respuesta a incidentes, y las organizaciones deben estar preparadas para responder de manera rápida y efectiva para mitigar el daño potencial.

A medida que el trabajo remoto se vuelve cada vez más frecuente, las organizaciones deben adaptar sus estrategias de ciberseguridad para abordar los desafíos únicos que presenta. Proteger los entornos de trabajo remoto requiere una combinación de controles técnicos, educación de los empleados y políticas sólidas. Al implementar las medidas de seguridad recomendadas y mantenerse alerta, las organizaciones pueden proteger sus datos confidenciales y mantener un entorno de trabajo remoto seguro. En el próximo capítulo, exploraremos las tendencias futuras en ciberseguridad y analizaremos las amenazas y tecnologías emergentes que las organizaciones deben conocer.

Capítulo 13: Tendencias futuras en ciberseguridad

El campo de la ciberseguridad es dinámico y está en constante evolución. En este capítulo, exploraremos las tendencias futuras en ciberseguridad, incluidas las amenazas y tecnologías emergentes. Comprender estas tendencias es crucial para que las organizaciones se mantengan a la vanguardia de las amenazas cibernéticas y adapten de manera proactiva sus estrategias de seguridad. Discutiremos el impacto potencial de tecnologías como la inteligencia artificial (IA), la computación cuántica y el Internet de las cosas (IoT) en la ciberseguridad. A través de ejemplos del mundo real, ilustraremos la importancia de mantenerse informado sobre las tendencias futuras para protegerse contra las amenazas en evolución.

13.1 Inteligencia Artificial y Machine Learning en Ciberseguridad:

13.1.1 Ataques cibernéticos impulsados por IA:

A medida que avanza la inteligencia artificial, los ciberdelincuentes aprovechan cada vez más la IA para automatizar y mejorar sus ataques. El malware, los chatbots y las técnicas de ingeniería social impulsados por IA pueden hacer que los ataques sean más sofisticados y difíciles de detectar. Por ejemplo, los chatbots impulsados por IA pueden imitar de manera convincente el comportamiento humano para engañar a los usuarios y extraer información confidencial.

13.1.2 Defensas de ciberseguridad impulsadas por IA:

En el lado defensivo, la IA y el aprendizaje automático se utilizan para desarrollar soluciones avanzadas de ciberseguridad. Los algoritmos de IA pueden analizar grandes cantidades de datos, identificar patrones y detectar anomalías para identificar amenazas potenciales. Los modelos de aprendizaje automático pueden aprender y adaptarse continuamente a nuevos vectores de ataque, lo que mejora la eficacia de las medidas de seguridad.

13.2 Computación cuántica y sus implicaciones para la ciberseguridad:

13.2.1 Amenazas informáticas cuánticas:

La computación cuántica tiene el potencial de romper los algoritmos criptográficos de uso común, lo que representa una amenaza significativa para los métodos de cifrado existentes. Las computadoras cuánticas pueden realizar cálculos complejos mucho más rápido que las computadoras clásicas, lo que podría dejar obsoletos los algoritmos de cifrado actuales. Esto podría comprometer la confidencialidad e integridad de los datos confidenciales.

13.2.2 Criptografía poscuántica:

Para hacer frente a la amenaza de la computación cuántica, los investigadores están desarrollando algoritmos de criptografía poscuántica (PQC) que pueden resistir los ataques cuánticos. PQC tiene como objetivo proporcionar métodos de encriptación que sean resistentes a los ataques de computadoras clásicas y cuánticas. Las organizaciones deberán prepararse para la transición a algoritmos criptográficos poscuánticos para garantizar la seguridad de sus datos en la era cuántica.

13.3 Desafíos de seguridad de Internet de las cosas (IoT):

13.3.1 Vulnerabilidades en Dispositivos IoT:

La proliferación de dispositivos IoT introduce nuevos riesgos de seguridad. Muchos dispositivos IoT tienen una potencia informática limitada y carecen de funciones de seguridad sólidas, lo que los hace vulnerables a la explotación. Los dispositivos IoT comprometidos se pueden usar como puntos de entrada a las redes o plataformas de lanzamiento para ataques de denegación de servicio distribuido (DDoS).

13.3.2 Botnets y ataques basados en IoT:

El ataque de la botnet Mirai en 2016 demostró el potencial de los ataques basados en IoT. Mirai explotó dispositivos IoT con poca seguridad y los convirtió en una red de bots masiva que se dirigía a la infraestructura crítica de Internet. Este ataque destacó la necesidad urgente de mejores estándares y prácticas de seguridad para los dispositivos IoT.

13.4 Seguridad en la nube y el cambio a entornos nativos de la nube:

13.4.1 Problemas de seguridad en la nube:

A medida que las organizaciones adoptan cada vez más la computación en la nube, han surgido preocupaciones de seguridad. Los entornos en la nube mal configurados, las API inseguras y las filtraciones de datos en los sistemas de almacenamiento en la nube han hecho saltar las alarmas. Los proveedores de la nube y las organizaciones deben trabajar juntos para garantizar que se implementen medidas de seguridad sólidas.

13.4.2 DevSecOps y seguridad nativa de la nube:

El cambio hacia arquitecturas nativas de la nube requiere que las organizaciones adopten un enfoque DevSecOps, integrando prácticas de seguridad en todo el ciclo de vida de desarrollo e implementación de software. DevSecOps enfatiza la automatización de los procesos de seguridad, la incorporación de controles de seguridad en el código y el monitoreo y la evaluación continuos de los entornos nativos de la nube.

13.5 Amenazas emergentes: Deepfakes y robo de identidad sintética:

13.5.1 Tecnología Deepfake:

Los deepfakes son medios sintéticos, a menudo videos, creados con técnicas de inteligencia artificial. Pueden manipular o fabricar contenido para que parezca auténtico. Los deepfakes plantean riesgos significativos para las personas y las organizaciones, ya que pueden utilizarse para campañas de desinformación, suplantación de identidad o chantaje.

13.5.2 Robo de identidad sintética:

El robo de identidad sintética implica la creación de identidades ficticias mediante la combinación de información personal real e inventada. Esta técnica dificulta que los métodos tradicionales de verificación de identidad detecten actividades fraudulentas. Los delincuentes pueden explotar las identidades sintéticas para realizar fraudes financieros, abrir cuentas y evadir la aplicación de la ley.

13.6 Desafíos de la fuerza laboral de ciberseguridad:

13.6.1 Escasez de Profesionales Calificados:
La demanda de profesionales de la ciberseguridad supera la reserva de talento disponible. Las organizaciones luchan por encontrar personal calificado que pueda comprender las amenazas en evolución, implementar medidas de seguridad efectivas y responder a los incidentes. Abordar la brecha de habilidades en ciberseguridad es crucial para que las organizaciones se protejan contra las amenazas emergentes.

13.6.2 Automatización e Inteligencia Artificial:

La automatización y la IA pueden ayudar a aliviar la escasez de profesionales capacitados al aumentar los equipos de ciberseguridad existentes. AI puede ayudar en la inteligencia de amenazas, la respuesta a incidentes y el monitoreo de seguridad. La automatización puede agilizar las tareas rutinarias, lo que permite a los profesionales concentrarse en desafíos más complejos.

A medida que evoluciona el panorama digital, también lo hacen las ciberamenazas. Las organizaciones deben mantenerse informadas sobre las tendencias futuras en ciberseguridad para adaptar sus estrategias y proteger sus activos críticos. Los avances en inteligencia artificial, computación cuántica, IoT y otras tecnologías emergentes presentan tanto oportunidades como desafíos. Al comprender estas tendencias y abordarlas de manera proactiva, las organizaciones pueden mitigar los riesgos y mantener una postura de ciberseguridad resiliente. En el capítulo final, resumiremos las ideas clave del libro y enfatizaremos la importancia de un enfoque integral de ciberseguridad.

14

Conclusión

En este capítulo final, resumiremos las ideas clave y las conclusiones del libro "Ciberseguridad para ejecutivos no técnicos". A lo largo de los capítulos anteriores, exploramos la importancia de la ciberseguridad para las empresas y brindamos orientación sobre varios aspectos de la estrategia y la implementación de la ciberseguridad. En este capítulo, reiteraremos los puntos clave y enfatizaremos el papel crucial que desempeñan los ejecutivos no técnicos para garantizar la seguridad y la resiliencia de sus organizaciones.

El impacto empresarial de ignorar la ciberseguridad:

A lo largo del libro, destacamos las posibles consecuencias de ignorar la ciberseguridad. Desde pérdidas financieras y daños a la reputación hasta responsabilidad legal e incumplimiento normativo, el impacto de una violación de la seguridad cibernética puede ser grave. Los ejemplos que discutimos, como la violación de datos de Equifax y el ataque de ransomware NotPetya, demuestran las consecuencias de gran alcance que enfrentan las organizaciones cuando no se prioriza la seguridad cibernética.

El panorama de amenazas en evolución:

Exploramos varios tipos de amenazas a la seguridad cibernética, que van desde malware y ataques de phishing hasta compromisos de la cadena de suministro y vulnerabilidades de IoT. El panorama de las amenazas está en constante evolución, y los ciberdelincuentes se vuelven más sofisticados y explotan nuevos vectores de ataque. Mantenerse informado sobre las amenazas emergentes y comprender sus implicaciones es crucial para una gestión eficaz de la ciberseguridad.

Creación de una estrategia integral de ciberseguridad:

Discutimos los pasos involucrados en el desarrollo de una estrategia integral de ciberseguridad. La realización de evaluaciones de riesgos, el desarrollo de políticas y procedimientos, la capacitación de los empleados y la creación de planes de respuesta a incidentes son componentes críticos de una estrategia sólida de ciberseguridad. Al seguir las mejores prácticas e incorporar estos elementos en su marco organizacional, los ejecutivos no técnicos pueden establecer una sólida postura de seguridad.

Cumplimiento y consideraciones reglamentarias:

El cumplimiento de los estándares y regulaciones de ciberseguridad es fundamental para las organizaciones. El incumplimiento puede dar lugar a importantes sanciones financieras y daños a la reputación. Discutimos varias regulaciones, como la Regulación General de Protección de Datos (GDPR) y la Ley de Privacidad del Consumidor de California (CCPA), y enfatizamos la importancia de mantenerse al día con las regulaciones cambiantes para mantener el cumplimiento.

Abordar desafíos únicos:

Exploramos los desafíos únicos de ciberseguridad que presentan las aplicaciones basadas en la nube, los dispositivos móviles, los dispositivos IoT y los entornos de trabajo remoto. Cada una de estas áreas requiere consideraciones y contramedidas de seguridad específicas. Al comprender los riesgos asociados con estas tecnologías e implementar las medidas de seguridad adecuadas, las organizaciones pueden proteger sus datos y sistemas.

El papel del seguro de ciberseguridad:

Discutimos la importancia del seguro de ciberseguridad como un medio para mitigar las pérdidas financieras y gestionar el impacto de un incidente de ciberseguridad. El seguro de seguridad cibernética puede proporcionar cobertura para los costos relacionados con violaciones de datos, gastos legales y daños a la reputación. Los ejecutivos no técnicos deben evaluar cuidadosamente el perfil de riesgo de su organización y considerar obtener un seguro de ciberseguridad como parte de su estrategia general de gestión de riesgos.

La importancia de reclutar talento en ciberseguridad:

La demanda de profesionales capacitados en ciberseguridad continúa superando el grupo de talentos disponible. Enfatizamos la importancia de reclutar y contratar personal calificado en ciberseguridad para fortalecer las capacidades de seguridad de una organización. La identificación de las habilidades y la experiencia necesarias, la comprensión de las funciones y responsabilidades dentro del equipo de seguridad cibernética y la implementación de estrategias de contratación efectivas son esenciales para construir una fuerza laboral de seguridad cibernética competente.

Gestión de riesgos de ciberseguridad de terceros:

Trabajar con proveedores y socios externos presenta riesgos de ciberseguridad adicionales. Discutimos la importancia de evaluar y gestionar estos riesgos a través de prácticas efectivas de gestión de proveedores y diligencia debida. Al implementar evaluaciones integrales de seguridad de proveedores y establecer obligaciones contractuales para la seguridad cibernética, las organizaciones pueden reducir el potencial de compromisos en la cadena de suministro.

Respuesta a incidentes de ciberseguridad:

A pesar de los mejores esfuerzos, aún pueden ocurrir incidentes de ciberseguridad. Destacamos la importancia de contar con un plan de respuesta a incidentes para detectar, contener y recuperarse de incidentes de manera efectiva. Discutimos los pasos involucrados en la respuesta a incidentes, como el informe, la investigación, la contención y la recuperación de incidentes, para minimizar el impacto de una violación de seguridad cibernética.

Tendencias futuras en ciberseguridad:

Exploramos las tendencias futuras en ciberseguridad, incluido el impacto de las tecnologías emergentes como la inteligencia artificial, la computación cuántica y las redes 5G. Estos avances traen tanto oportunidades como desafíos para la ciberseguridad. Mantenerse a la vanguardia al comprender estas tendencias y adaptar las estrategias de seguridad en consecuencia es crucial para que las organizaciones mantengan una sólida postura de seguridad.

Conclusión:

En conclusión, la ciberseguridad ya no es solo una preocupación técnica. Los ejecutivos no técnicos desempeñan un papel fundamental para garantizar la seguridad y la resiliencia de sus organizaciones. Al comprender la importancia de la seguridad cibernética, mantenerse informados sobre las amenazas en evolución e implementar una estrategia integral de seguridad cibernética, los ejecutivos no técnicos pueden proteger eficazmente a sus organizaciones de las amenazas cibernéticas y minimizar el impacto potencial de los incidentes de seguridad cibernética. Esperamos que este libro haya brindado información valiosa y orientación para ayudar a los ejecutivos no técnicos a navegar el complejo mundo de la ciberseguridad y tomar decisiones informadas para proteger sus organizaciones en la era digital.

Glosario

- **Cyberseguridad:** La práctica de proteger los sistemas informáticos, las redes y la información sensible de accesos no autorizados, robos, daños u otros ataques maliciosos.
- **Cyber Ataques:** Intentos maliciosos de interrumpir, dañar o obtener acceso no autorizado a un sistema informático o red.
- **Computación en la nube:** Aplicaciones y servicios de software que se alojan en servidores remotos y se acceden a través de Internet.
- **Mobile devices:** Dispositivos electrónicos portátiles como smartphones, tabletas y laptops que pueden conectarse a Internet y almacenar información sensible.
- **Internet of Things (IoT):** Una red de dispositivos físicos, vehículos, electrodomésticos y otros objetos que están incrustados con sensores, software y conectividad para intercambiar datos a través de Internet.
- **Compliance with regulations:** Cumplimiento de los requisitos legales y regulatorios relacionados con la ciberseguridad, como las leyes de privacidad de datos y las regulaciones específicas de la industria.
- **Seguro de Cyberseguridad:** Pólizas de seguro que brindan cobertura para los costos relacionados con las brechas de datos, los gastos legales y el daño reputacional que resulta

de un incidente de ciberseguridad.

- **Riesgos de Terceros:** Riesgos asociados con proveedores, subcontratistas, contratistas u otras entidades de terceros que tienen acceso a la información sensible o sistemas de una empresa.
- **Incidentes:** Cualquier evento que comprometa la confidencialidad, integridad o disponibilidad de la información o sistemas de una empresa, como una brecha de datos o un ataque cibernético.
- **Entornos de Trabajo remotos:** Entornos de trabajo en los que los empleados trabajan desde casa u otras ubicaciones remotas, a menudo utilizando dispositivos personales y accediendo a los sistemas de la empresa a través de Internet.
- **IT:** La tecnología de la información (TI) se refiere al uso de computadoras, software, redes y otras tecnologías digitales para procesar, almacenar y transmitir información. La TI abarca una amplia gama de actividades, que incluyen el diseño y desarrollo de aplicaciones de software, la gestión de redes y bases de datos de computadoras, la prestación de soporte técnico y la solución de problemas, y la garantía de la seguridad y privacidad de la información digital.
- **Ingeniería Social:** Es un tipo de ataque cibernético que implica manipular a las personas para que divulguen información sensible o realicen acciones que puedan comprometer la seguridad de los sistemas informáticos o redes. Los ataques de ingeniería social suelen explotar las emociones humanas como el miedo, la curiosidad o la confianza para engañar a las personas para que revelen contraseñas, hagan clic en enlaces maliciosos o descarguen malware.
- **Exploit:** Pieza de software o código que aprovecha una vulnerabilidad o debilidad en un sistema informático o

aplicación para realizar una acción maliciosa. Los exploits pueden ser utilizados por cibercriminales para obtener acceso no autorizado a sistemas, robar datos sensibles o causar daños a redes informáticas. Los exploits pueden tomar muchas formas, incluyendo virus, gusanos, troyanos y otros tipos de malware. Los exploits se pueden entregar a través de varios vectores de ataque, como archivos adjuntos de correo electrónico, sitios web maliciosos o vulnerabilidades de red.

- **Vulnerabilidad:** Se refiere a una debilidad o falla en un sistema informático, red o aplicación que puede ser explotada por cibercriminales para llevar a cabo actividades maliciosas. Las vulnerabilidades pueden tomar muchas formas, como errores de software, errores de configuración o fallas de diseño.

- **Malware:** Software diseñado para dañar o explotar sistemas informáticos, redes o usuarios. El término "malware" es una abreviatura de "software malicioso". El malware puede tomar muchas formas, incluyendo virus, gusanos, troyanos, ransomware y spyware. El malware puede ser utilizado por cibercriminales para obtener acceso no autorizado a sistemas, robar datos sensibles o causar daños a redes informáticas. El malware se puede entregar a través de varios vectores de ataque, como archivos adjuntos de correo electrónico, sitios web maliciosos o vulnerabilidades de red.

- **Firewall:** Sistema de seguridad de red que monitoriza y controla el tráfico de red entrante y saliente en función de reglas de seguridad predeterminadas. El objetivo principal de un firewall es evitar el acceso no autorizado a o desde una red privada.

- **Virtualización:** Tecnología que permite ejecutar varios sistemas operativos o aplicaciones en una sola computadora física o servidor. La virtualización crea un entorno virtual que simula el comportamiento de una computadora física, lo que permite que se ejecuten varios sistemas virtuales (VM) en una sola máquina física. Cada VM está aislada de las demás y tiene su propio hardware virtual, incluyendo CPU, memoria, almacenamiento y interfaces de red. La virtualización permite a las organizaciones consolidar su infraestructura de TI, reducir los costos de hardware y mejorar la utilización de los recursos. También proporciona una mayor flexibilidad y escalabilidad, lo que permite a las organizaciones provisionar y desprovisionar máquinas

Sobre el Autor

Raúl Morales es un experto en ciberseguridad con una rica historia en el campo.

Con una carrera que abarca más de dos décadas, Raúl ha trabajado con empresas tecnológicas líderes. Su experiencia radica en una amplia gama de tecnologías, con un enfoque específico en mitigar las amenazas en el entorno cibernético, garantizar la disponibilidad del sistema y alinearse con los requisitos de cumplimiento y riesgo regulatorio global.

Raúl tiene una Maestría en Seguridad de la Información y Sistemas obtenida en Cenfotec y una Ingeniería en Sistemas de la Universidad Latina de Costa Rica. Es un Profesional Certificado en Seguridad de Sistemas de Información (CISSP) y un Hacker Ético Certificado, entre otras certificaciones.

La pasión de Raúl por la ciberseguridad se extiende más allá de su vida profesional. Está comprometido a educar a los profesionales sobre la importancia de la ciberseguridad, ayudándoles a navegar en el panorama digital de manera segura y efectiva.

Este libro tiene como objetivo desmitificar el complejo mundo de la ciberseguridad, haciéndolo accesible y comprensible para todos.

Pueden contactarme en :

🌐 https://www.linkedin.com/in/raul-morales-viquez